MEZZABARBA

タイトル：イウリア・ファルネージャ — 魂からの手紙 — ジュリア・ファルネーゼの真実の物語
著者: ロベルタ・メッツァバルバ
ISBN: ___

カバーイラスト: ジャン・ロレンツォ・ベルニーニによる "プロセルピナの略奪"（1621-1622）の一部
アラミー・フォト・ストック - 紋章の象徴であるフルール・ド・リスの一部
初版、2022 年 3 月

ロベルタ ・ メッツァバルバ
Roberta Mezzabarba

イウリア・ファルネシア
魂からの手紙

ジュリア・ファルネーゼの真実の物語

小説

クリスチャン・レリによって翻訳

序文

尊敬すべき読者の皆様へ、
モンナ・ロベルタの優れた筆が実現させたこの作品を読むために、皆様がお付き合いいただく関心に、私は最初にかつ前もって感謝の意を示したいと思います。正直であるべきです。私は長年、私についての真実の物語を語る誰かを探し求め、その中には私について時折書かれてきたすべての中傷に影響されることなく、語ることができる人を見つけるため、世界中を彷徨いました。私はボルセーナ湖の岸辺で、もうすぐ探し求めることを諦めかけていた頃、ロベルタに偶然出会いました。知識と感受性を備えたペンが、私の物語を語ることができるかもしれないと感じました。

最初は偶然の出会いでしたが、次第に頻繁になりました。彼女がビジェンティーナに向けて見つめるのを頻繁に目にすることがよくありました。ビジェンティーナの土地には私の遺骨が散乱しています。
そのため、私は彼女を待つようになり、訪れた場所とルートを記憶し始めました。時には、彼女が岩の支えの

下から上を見上げるのを見ました。時には、私は彼女が
メルゴナーラの石の上にしゃがむのを見ました。それは私
の家族の船が着岸する場所で、彼女はついに靴と足が
濡れるほどのところまで行きました。そして、彼女が一人
だと思っている間、私は彼女の心を聞いていました。彼
女はいくつかのテキストを書きました。最初の小説、『夢
の長い影』は、ほとんどカポディモンテとビジェンティーナ島
に設定されています。2番目は『結びつき』と題され、3
番目は『側室の告白』というタイトルです。
ビジェンティーナ島とカポディモンテは、側室、または世界
がそう思っていたもの…それは確かに偶然ではなかったは
ずです、私はますます繰り返し考えました…
彼女の道、彼女の歩みは、私にとっては避けられないよ
うに思えました。そして、ほぼ冗談のように私に関する話
を書き、特に私の遺言について書いたとき、どこでも文
学賞を受賞するようになり、私は彼女が私の声になるだ
ろうことを疑う余地はありませんでした。
その後、私は彼女を観察するだけでなく、私の足跡をた
どるように導きました。まず、2019年の9月の雨の日曜
日に、私のかつての住まいであるバッサネッロに彼女を案
内しました。そして、同じ年の10月には、カルボニャーノ
に連れて行き、城の現在の所有者が訪れることを許可
している唯一の日に誘導しました。その日々、モンナ・ロ
ベルタは私に関するテキストを熱心に研究し、私の最後

の住まいにいるとき、私が壁画を通じて伝えたかったメッセージを理解し、自分のものにしたことを確信しています。

その際、私はカルボニャーノ出身の二人の女性を彼女と彼女の親切な夫（私の第二の夫、ジョヴァンニに非常に似ている素敵な若者）と一緒に案内し、町の通りから私の教会である聖母被昇天教会まで案内しました。

そして、2019 年 12 月、彼女にカポディモンテの城壁にアクセスし、私が生まれ育った場所であるカポディモンテの城にアクセスするように促しました。現在の所有者の一人であるラニエリ・オルランディ・ブレンチャリアは、彼女のリクエストを快く受け入れましたが、夜遅くのアポイントメントを設定し、突如として（偶然ですが）首の痛みに襲われたため、夜間の訪問を辞退せざるを得ませんでした。次の約束では、彼女はカポディモンテの城壁の門を昼間に越え、窓から外をのぞいて、その壮大な光景を楽しむことができました。私がどの窓からよくのぞいたか、彼女は感じたことでしょう。実際、私のお気に入りの窓に彼女が長い間立ち止まるのを見ました。

それから、彼女は親しい友人で画家のフランチェスカ・クラニョリーニ（ウディネ出身）を雇って、私の肖像画を制

作するように依頼しました。時間の経過とともに、私を
描いた芸術作品が失われてしまったためです。フランチェ
スカは、ロベルタの指示と修正を辛抱強く受け入れ、そ
の結果には非常に満足しています。フランチェスカと初め
て、そしてその後ロベルタと一緒に、絵画の姿を通じて
笑顔を浮かべたり、不機嫌な顔を見せたりすることが楽
しかったです。最終的に、私は愛されていると感じます。
そして、カルボニャーノで経験したように、最も深い美しい
愛は他の女性から与えられることがあります。ただし、私
たちの人生に長いまたは短い期間付き添う人々は常に
そんなに寛大ではありません。しばしば、私と同じような
人々と取引しなければならないことがあり、彼らは機会
が訪れるとすぐに私に裏切りを働こうとすることがありまし
た。
幸運にも、地上の旅で、連帯感があり、強く、嫉妬を
知らないような女性と出会うことがあります。

私はロベルタがカポディモンテのマドンナ・フェリチタ・メン
ギーニと出会うように手配しました。彼女は私の家族を
彼女の人生の中心に置いた特別な女性です。それか
ら、ロベルタがローマのマドンナ・パトリツィア・ロジーニに出
会うように導きました。彼女は視力を失い、私のこの世
での活動に関する時間の経過に耐えるために無数の文
書を探し続けました。その負担と粘り強さで、彼女はす

べての公共および私的なアーカイブで私の足跡を懸命に探し続け、ついにそれらは忘却と破壊から救われました。その後、ロベルタは執筆を始めましたが、すべての研究の後、彼女が疲れているのが見受けられました... この小柄で爆発的な女性は本当に多くの仕事があり、息をつく時間を与えるべきであると感じました。

しかし、正直なところ、私の性格が優れている資質の1つではないのは、忍耐力です。したがって、2021年の初めに、彼女の多くの他のことから気を取られた筆を目覚めさせる必要があると決断しました。

ある日の朝、テレビと呼ばれる箱から、さまざまな種類の映像を見ることができる場所で、私に関する話が流れていました。実際、その物語は私と同じ名前、つまり「教皇アレクサンデル6世の寵愛者、ジュリア・ファルネーゼ」というタイトルでした。正直である必要があります、そのタイトルだけでも私を怒らせました。さらに、映像が流れ始めると、最初の数分で名誉を傷つけられるだけでなく、私の名前は単に注意を引くために使用され、その後はまったく別のことについて話されていました... その時点で私は怒りを抑えることができなくなりました。

私はその装置を一度、二度、三度と消してしまいました。最初に、ロベルタ夫人の夫であるセルジオさんが横に座っていて、彼女を当惑させました。2回目には、彼女に視聴を終了させたのは彼女自身だと尋ね、3回目には「愛しい、これはジュリアでしょう？」と尋ねました。

はい、私でした...

その後、その衝撃の後、ロベルタは原稿の指揮を取り
戻し、ほぼ半分まで進んでいたものを、ほとんど怒りを込
めて完全に解体し、その後、忍耐と大きな満足感を
持って一片ずつ再構築しました。
千々の言葉の中から掘り下げ、言葉の向こう側に進む
ことができたこと、聞こえないはずのものを聞いたこと、中
傷の暗い重みから解放された私の魂に尊厳を取り戻し
てくれたことに、深く感謝します。軽くなり、この世界を去
り、天の父のもとへ向かうことができます。

イウリア・ファルネシア

少しの歴史

ジュリア・ファルネーゼ、一般的にはジュリア、美しいものとして知られている人物は、彼女の死からほぼ五世紀が経過した今でも、興味と魅力を引き寄せています。ジュリアは 1475 年にカポディモンテでピエルルイジ・ファルネーゼとジョヴァンネッラ・カエターニの娘として生まれました。彼女は 4 人兄姉の末っ子でした。

ジュリアの若年期の大部分はカポディモンテの城で過ごし、彼女はローマのサン・シストの学院で教育を受けました。

父親は 1487 年に亡くなり、野心的なジョヴァンネッラはファルネーゼ家の名誉のために子供たちの生活を編み続けました。長男のアンジェロはすでにレッラ・オルシーニ・ディ・ピテリアーノと結婚していました。ジェロラマはフィレンツェの名士であるプッチオ・プッチに嫁ぎました。

最初の 2 人を配置した後、ジョヴァンネッラの手には最後の 2 人の子供、アレッサンドロとジュリアの未来が残っており、おそらく亡くなったルドヴィーコ・オルシーニ・ミリオラーティの妻であるアドリアーナ・デ・ミラとの出会いが、最も狂った計画への扉を開いた可能性があります。両方の夫が亡くなっており、かつて契約結婚がされていたため、2人の女性、ジュリアとオルシーノの母親たちの意図は、その結婚を実現させることでした。さらに、この結婚の利益を超えて、ファルネーゼ家の養子であるアレッサンドロが教皇の座に登りつめる可能性を考えることさえしました。

カエターニとデ・ミラによって練られた狂った計画は、その成功に向けて2つの要素を含んでいました。ジュリアの美しさとデ・ミラのいとこであるロドリーゴ・ボルジア枢機卿の好色さです。

こうして、ジュリアは従順に育てられ、家族を愛していた彼女はオルシーノ・オルシーニ（通称：モノクルス・オルシヌム）と結婚し、好色なボルジア枢機卿に「売られ」、幼い少女から女性にされました。時の記録では、ジュリアはしばしば非道徳的で、大胆で恥知らずなジュリアとして描かれ、人々は彼女を「教皇のヴィーナス」とさえ呼び、「キリストの花嫁」とまで言っていました。オルシーノ、幼少期に狩猟事故により顔にニキビの跡が残り、若い頃から一つの目を失った哀れな少年は、母親の圧力の結果、この逆説的な状況を受け入れることになりました。彼の母親は、彼の不安定な性格を利用し、オルシーノ家の財産を増やす方法を見つけました。実際、ボルジアは頻繁にオルシーノに「贈り物」をし、若い男が妻のジュリアをローマに住まわせることを許可し、彼女がバッサネッロ城（現在のヴァサネッロ）にいる間、彼女と一緒にいないように説得しました。

1493 年、わずか 25 歳で、司祭になることなく、波乱に満ちたアレッサンドロ・ファルネーゼはボルジア教皇から枢機卿に任命され、そこから彼の教会のキャリアは着実に上昇し、1 年前に教皇アレクサンデル 6 世となったスペイン人の保護下で続けられました。ジュリアは彼女の唯一の娘、ラウラを出産しました。時代の歴史家たちは、ラウラがオルシーノの子ではなく、教皇の子であると悪意をもってほのめかすことが多かった。それは決して真実ではありませんでした。

次の年、ジュリアは兄アンジェロの死のためにカポディモンテに向かいました。ローマに戻る可能性に揺らぎが見え、そのため、嫉妬深いロドリーゴ・ボルジアを激怒させました。教皇はジュリアに対して熱烈な手紙の中で、小さなラウラの父親を否定し、彼女にバッサネッロに行かないよう命じ、さもなければ「その隻眼のもの」（オルシーノ）に「妊娠させられるだろう」と脅しました。ジュリアは成熟した女性になり、彼女が生活していた状況にますます不満を抱えていましたが、同時に家族との取り決めを尊重し、兄アレッサンドロの聖職のキャリアを助けるために尽力していました。

1498 年、フランス人がイタリアを通過してナポリ王国に到達し、その所有権を主張する機会が訪れたことで、ジュリアは自分の人生を取り戻し、宮廷の毒や虚偽から遠ざかる機会を手に入れました。そこで、ジュリアは家族が彼女に押し付けた選択肢を強制されることなく、自分を解放し、おそらく彼女が選ばなかったであろう選択肢を選び、アラビアのフェニックスのように灰から生まれ変わるための翼を広げました。彼女は簡単に他の枢機卿のことにしがみつくことができましたが、そのためには芸術や知識が不足していませんでした。しかし、家族の義務から解放され、彼女自身が好む生活を選びました。そうして、ジュリアは娘のラウラと共にバッサネッロ城に戻り、夫のオルシーノと再び一緒になりました。離れた教皇宮廷から、ジュリアとオルシーノはお互いを発見し、他人の選択によって苦しむ魂に短いが救済的な時をもたらしました。オルシーノは彼女にカルボニャーノ城と領地を贈り、中間業者なしでその土地の女主人とし、実質的にドミナ[1] の地位を授けました。

1500 年の夏、不幸なモノクルスは寝ていた寝室の天井が崩れて死亡しました。この悲劇的な出来事も当時の歴史家やしきたりを守る人々によって、美しい女性が夫と寝ていないこと、したがって夫婦の幸福がないことのしるしと解釈されました。ジュリアの評判に対するさらなる中傷と苦しみでした。ラウラはすでに結婚適齢期に達しており、ジュリアは教皇宮廷で培ったつながりを活かして、娘を教皇ユリウス2世のお気に入りの甥であるニコラ・フランショッティ・デッラ・ローヴェーレの力強い家族との結婚契約を結びました。その優れた結婚を喜び、カルボニャーノに引退し、ジュリアは自身の真の姿を発揮しました。このキャラクターの変身が始まったのはその時からで、美しい女性から始まり、娘のラウラの誕生を機に母親に変わり、最終的にドミナとしての生涯を終えました。彼女の2番目の夫、ジョヴァンニ・カペッチェ・ボズゥートは、愛を持って望まれ結婚されたが、カルボニャーノ城の主人ではなく、ドミナの妻として終わりました。ジュリアは彼女の財産を巧みに管理し、トスカーナの一部の経済を再興し、能力のある男性のように堅実に経営しました。そして、それによって彼女にはさらに重要な任務が託されました。彼女は、父の影から夫の影への移行ではなく、本当の独立した未来を与える責任を担うこととなり、彼女に仕えた女性たちを保護する役割を果たしました。

主要なキャラクターガイド

小説の最初のページに入ると、無数のキャラクターの中で立ち往生し、読書の楽しみを見失うことがよくあります。この物語では、ルネサンス時代の社会の詳細に入り込むため、多くのキャラクターの名前や関係が読者を迷子にさせる可能性があります。したがって、この物語の読者が物語で重要な役割を果たす主要なキャラクターの小さなガイドを作成しました。これは、物語の読み始める人が必要に応じて読むか参照できるものです。

オルシーノ・オルシーニ・ミリョラーティ、通称モノクルス（**1473-1500)**バッサネッロ（ヴァサネッロ – **VT**）の領主であるルドヴィーコ・オルシーニ・ミリョラーティとアドリアナ・デ・ミラの唯一の息子で、ジュリア・ファルネーゼの最初の夫。

ジョヴァンニ・マリア・カペーチェ・ボッツート（？- **1517**）：ナポリ貴族で、ジュリア（オルシーノ・オルシーニの未亡人）と 1506 年に結婚しました。2 人は

1496 年にサンカ・ダラゴナがローマに到着した際に出会いました。

アドリアナ・デ・ミラ（**1434-1502**）：ペロト・デ・ミラの娘で、カタリナ・ボルジアの孫娘であり、カリスト 3 世の妹で、ロドリーゴ・ボルジア（後のアレクサンダー 6 世教皇）の従兄弟にあたります。ルドヴィーコ・オルシーニと結婚し、バッサネッロ（ヴァサネッロ – **VT**）の領主であるルドヴィーコ・オルシーニの妻であり、オルシーノ・オルシーニの母親でした。

ジョヴァンネッラ・カエターニ（**1440-**？）：ジュリア・ファルネーゼと彼女の 3 人の兄弟（アレッサンドロ、アンジェロ、ジェロラマ）の母親であり、オノラート・カエターニの娘であり、ボニファティウス 8 世教皇の子孫です。

アンジェロ・ファルネーゼ（**1465-1494**）：ピエルルイジ・ファルネーゼとジョヴァンネッラ・カエターニの長男で、ジュリアの兄。カニーノとモンタルトの領主で、レッラ・オルシーニと結婚しました。

アレッサンドロ・ファルネーゼ（**1468-1549**）：ジュリア・ファルネーゼの兄。1534 年にパオロ 3 世として教皇の座に就き、死ぬまでその座にありました。1540 年にイグナティウス・デ・ロヨラの提案に基づいてイエズス会の設立を認可し、1545 年にトリエント公会議を招集しました。

ジェロラマ・ファルネーゼ（**1464-1504**）：ピエルルイジ・ファルネーゼの娘で、ジュリアの姉。1494 年に未亡人となるまでプッチョ・プッチと結婚しました。1495 年にジュリアーノ・デッランゲィラーラと結婚し、イザベラという娘をもうけました。後に継子によって暗殺されました。

イザベラ・デッラ・アンギラーラ（**1497-1564**）：ジュリアーノ・デッランギラーラとジェロラマ・ファルネーゼ（ジュリア・ファルネーゼの姉）の娘で、母親が暗殺された後、ジュリアによって育てられました。1518 年にラテラの支流であるガレアッツォ・ファルネーゼと結婚しました。

ラウラ・オルシーニ（**1492-1530**）：ジュリア・ファルネーゼと夫オルシーノ・オルシーニの唯一の娘。ニコラ・フランシオッティ・デッラ・ローヴェーレと結婚し、ジュリオ、エレナ、ラヴィニアの 3 人の子供をもうけました。

レッラ・オルシーニ（**？-1494**）：ピティリアーノ伯爵ニコロの娘で、1488 年にアンジェロ・ファルネーゼと結婚しました。夫の死後、フィレンツェの修道院で修道生活を送りました。

ルクレツィア・ボルジア（**1480-1519**）：ロドリーゴ・ボルジア（本名：アレッサンドロ・シェーザレ・ボルジア）とヴァンノッツァ・カッターネイの間に生まれた、アレッサンドロ 6 世（ローマ教皇）の三番目の庶子。ジョヴァンニ・スフォルツァ、アルフォンソ・ダラゴナ、アルフォンソ・デステと結婚しました。

チェーザレ・ボルジア（**1475-1507**）：ロドリーゴ・ボルジア（アレッサンドロ 6 世教皇）とヴァンノッツァ・カッターネイの息子で、司教、大司教、枢機卿助祭としての地位を持ちました。1493 年に誓願を解き、1498 年にフランス国王からヴァランソワ公爵に指名されました。

カミッラ・ルクレツィア・ボルジア（**1502-1573**）：チェーザレ・ボルジアとおそらくルクレツィア・ボルジアの侍女であるドルシラの娘。1509 年に正式に認知されました。修道士となり、1545 年にフェラーラのサン・ベルナルディーノ修道院の院長となりました。

ピエトロ・ベンボ（**1470-1547**）：イタリアの枢機卿、作家、文法学者、詩人、ヒューマニスト。

『 人生とは、
過ごしたものではなく、　思い出したもの、そしてその思
い出を語る方法である。』

(ガブリエル・ガルシア・マルケス - 語るために生きる)

帰郷

舟はついさっき島の岸を離れ、揺れ動いていた。その威厳ある進行で、静かな水面に傷をつけるようであり、通り過ぎる際には、液体の震えのような小さな波紋を広げては消えていった。

11 月の冷たい空気が重い衣服の間にしみこんで、ジュリアを震えさせた。彼女の青白い顔に被せたフードの中で。全てが非現実的に見え、夢、いや悪夢のように信じられないほどであったが、彼女の心の奥では、愛する夫の最後の願いを叶えることができたことに幸せを感じていた。彼の肉体を愛する島に連れて行くことができたのだ。前日、カルボニャーノから夫の棺とともに到着した際には、湖の水面を荒々しく叩いていた北風も、奇跡的に静まっているようだった。

* * *

ジョヴァンニ・カペーチェ・ボッツートは数日前に亡くなり、ジュリアは彼女の愛する人の意志を尊重し実行するために、すぐに彼女の兄である枢機卿アレッサンドロ・ファルネーゼに使いを送り、ジョヴァンニを家族の霊廟であるビゼンチーナ島に埋葬する許可を求めた。しかし、アレッサンドロからの返答は届かなかった。たぶん、ジュリアは思った。兄は教皇座を巡る複雑な策略を織りながら、こんな愚かな質問に答える余裕がなかったのだろう。

その朝、カルボニャーノ城の女主人は急いで夫の遺体を最後の安息地に運ぶためにカポディモンテへと出発の手配をした。オノフリアとベルナは、馬車の中で彼女の前に座ってからずっと一言も話していなかった。年老いた乳母と若い召使いは、彼らの主人が車両の狭い窓から流れる風景を眺めているのを見ていた。女主人の規則的な呼吸だけが、その静寂を壊していた。

カポディモンテに着いたときにはもう暗くなっていた。湖を見下ろす要塞の前に立っていると、オノフリアにとっては故郷に帰ってきたような感じだったが、ベルナにとっては初めての体験で、湖が北風によって轟くのを耳にした。ショールにくるまった若い女性は震え、馬車から降りるとすぐに、広場を囲む回廊の下[1]に避難しようとした。オノフリアは鼻を空に向けて深呼吸した。

決意を込めたジュリアは、夫の棺を運んできた男たちに素早く指示を与えた。「彼を1階の部屋の一つに運んで、一晩中見張りなさい。」彼女は手袋をはめた手で棺を撫で、階

段を上がり始めた。オノフリアとベルナもそれに続き、まるであ
らかじめ書かれた台本に従うかのように。

翌朝、カルボニャーノ城の部屋では旅の準備が進行中であっ
たが、忠実なオノフリアは厩舎に下り、カポディモンテ城に急
ぐよう前衛を派遣し、男たちに急ぐように促した。

宮殿の中庭に到着した馬たちは、人々の重みから解放さ
れ、疲れ果てて泡を吹いていた。城の使用人たちは女主人
の到着を知り、冷たい部屋は騒音と生気に満ち始めた。暖
炉では炎がはね、清潔なシーツが女主人とその召使いが泊
まるであろうベッドに敷かれた。忠実な乳母はジュリアが少女
の頃から泊まっていた部屋を準備するように指示を出した。
その宮殿は彼女の生まれ育った場所であり、乳母はそれを
知っていた。ジュリアは城の主として両親が泊まっていた主人
の部屋に泊まるべきだろうとされていた。しかし、オノフリアはイ
ウリアが最近の悲しみに深く傷ついていることを理解してい
た。彼女は過去の幽霊たちがイウリアを普段以上に苦しめる
ことを望まなかった。彼女は自分の主を見て微笑んだ。彼女
は迷わず自分の部屋に向かい、戸口で少し立ち止まった
後、中に入ってドアを閉めた。

***

ジュリアは幼いころの部屋に戻ってきた。窓からは愛するビゼ
ンチーナが見える部屋だった。
たくさんの思い出がある...。
彼女はケープを脱ぎ、ベッドに置いた。ゆっくりと歩みを進め、

29

窓に近づいた。そこからはただ深い夜の暗闇が見えた。まるで自分の魂をさらけ出し、冷たい風に打たれるような感じだった。

彼女はしばらくそのまま立ち尽くし、虚空を見つめたまま座卓に腰を下ろし、長いため息をついた。

オノフリアが優しくドアを軽く叩いて、返事がないのを見計らって中を覗いた。イウリアがそこに座って、ぼんやりしているのを見て、そっと近づいた。

「イウリア様、夜の準備を手伝いましょうか？」とささやいた。その時、イウリアはやっと振り向いて、年長の乳母を見つめて頷いた。普段はこの仕事はベルナに任されていたが、オノフリアはその夜、感情と思い出に満ちた場所で主人に近くいたかったのだ。

「オノフリア、この日が来るとは思わなかったわ。でも、ここにいるのね…再び未亡人になったわ…」

ジュリアの目には涙が滲んでいた。彼女の人生では感情を表に出すことは滅多になかったが、その夜、その場所では、抑えることができなかった。

世にも情緒的な感情がイウリアの心を襲った。彼女は愛するジョヴァンニといないことに対する愛憎の感情に揺れ動いた。明日は新しい日になるだろうが、その夜、感情は連続して押し寄せた。

「ここに座って、この部屋にいること、この宮殿にいること、私の人生の一部であったすべての人々がいないこと、兄弟姉妹、母親、父親もいないこと、本当に非現実的な気がするわ。」

オノフリアの器用な手はジュリアの髪の毛を結んでいた三つ編みやヘアピンに触れ始めた。その触れる手つきが彼女を若い頃に連れ戻し、乳母の忍耐強い手で髪を整える無邪気な時間、おしゃべりや、この卑劣な世界の陰謀や妥協をまだ知らない彼女の心の素朴さを思い出させた。

「私の子よ、これが人生なのよ。出会いと別れ、到来と去り行くこと。ただ一つ確かなのは死だけ。」

「それに、兄のアレッサンドロも、私の手紙に返事もないのよ…まるで私が夫をビゼンチーナに埋葬するために彼の許可が本当に必要なかったかのように…」

ボタンが古い手のオノフリアによって一つ一つ穴から抜けていった。何度もその行為を行ってきた…。

「お憂れなく、イウリア、あなたの兄は忙しいのよ。きっとあなたの手紙を読む暇もなかったのでしょう…」

ドレスが床に落ち、女性は一瞬で凍えた。その急激な気温の変化に彼女はビクッと反応し、オノフリアから手渡された冷たいナイトシャツを素早く着込んだ。

「あなたが言う通りでしょう、オノフリア、でも、私はこれらの形式ばかりに疲れてきているのよ。空虚な中身の後ろに隠されたすべての偽りに。」

窓の扉に恐ろしいほどの強風が吹きつけた。ジュリアは凍りつき、そして穏やかに話を続けた、乳母の手を優しく握りしめて。

「オノフリア、あなただけが過去の時間に残っているのよ。あなたと私の心に押し寄せる多くの思い出。明日にはこの北風が静まることを願いたいわ。」

そして、その言葉を口にしながら、彼女は温かい炭を入れた暖房器具を布団の間に差し込んだ。暖かいシーツが彼女を包み込み、優しく慰めるような抱擁に包まれて、彼女はそこに身を委ねた。

ジュリアは彼女の乳母が一生をかけて与えてくれた心遣いを楽しんだ。オノフリアが布団をしっかりと折り返し、女性はその壁の中で子供の頃を思い出し、微笑んで静かに部屋を去っていった。

＊＊＊

オノフリアは喜んでベルナにジュリアをビゼンチーナに連れて行かせたかった。彼女にはその場所と強い結びつきがあったからだが、しかし、主人は揺るぎなかった。彼女は両方の女性が彼女の愛するジョヴァンニに最後の別れを告げる際に彼女を送ることを望んでいた。地元の漁師たちは女主人に2艘のボートを提供した。1つには棺とそれを担ぐ2人の男性が乗り、後に肩でそれを運ぶことになる。もう1つのボートには3人の女性が座った。

テーブルに爪を立ててしがみついていたベルナは、寒さと地面の不安定さに震えていた。彼女にとっては初めてのことだった。ジュリアを見ながら、立っているジュリアの姿を船首で見ていた。彼女は島が一刻一刻と近づくのを見ていた。船の舵を取る男は、寒い季節なのに太陽に焼かれた顔で、木の棒を水中に強く突き立てて水しぶきを上げた。

未亡人の心には無数の思い出が詰まっていた。彼女は島で避難所を見つけた時を思い出し、自分の心の動きが抑えきれないほど強かった時を思い出した。彼女は過去の時間と、他人の意志と願いがどのように荒廃したかを考えた。彼女はジョヴァンニと彼が彼女に常に示してきた敬意を思った。そして、自分自身と自分の道を考えた。その思索に没頭している間に、船が島への港に到着したことに気づかなかった。船は立派なクヌギの木の間に進んでいた。

島に案内してくれた漁師はオールをボートに固定し、彼女たちを案内した短い船着場に跳び乗った。彼は小さな船を恐ろしいほど揺らし、ベルナは自分の爪をテーブルに深く食い込ませながら、男性がカラスミノ城にドライで粗い手を差し伸べ、ジュリアを手伝って降ろしたのを見た。オノフリアとベルナも続いた。

領主は島の草むらに数歩進んだとき、ベルナが男性の腕を掴んで陸に戻り、船旅で動揺しているのが見えた。オノフリアは最後の桟橋を歩くためにベルナにしがみついたままだったが、別の船が水を切って到着した。

係留ロープが船の木材に投げられる音にジュリアは振り向いた。何を考えていたのかはわからないが、棺は船に吊り下げられるようにロープで固定されていた。ジュリアはカルボニャーノの男たちに手を上げ、夫に敬意を払って欲しいと示唆したが、すぐに手を下ろした。

女性たちの手を放して、オノフリアは近づき、黒いビロードの布を一枚取り出し、冷たい風に揺れる棺に慎重に巻き付けた。棺を指先で整えながら、鋭い朝の風がそれを少し揺らした。

草むらにつけた棺は露に濡れ、三人の女性が身に着けた黒い衣服を濡らした。初めて冷たい季節の厳しさにもかかわらず、茂る草木の緑はまだ薄くなっておらず、整然とした生垣の間に勇敢に色鮮やかな花がいくつか残っていた。修道院と教会を地上の誘惑から守る象徴的な防壁として、塀は一歩一歩近づいているように見えた。

ジュリアはその壁が彼女の家族と彼らの客、そしてフランシスコ修道会の間の境界であることを知っていた。ファルネーゼ家が島に滞在する際、修道士たちは宗教上の理由以外で修道院の境界を出ることは許されていなかった。その日、一団の修道士が塀の外で待っていて、哀れな役割を待っていた。教会の中で、棺を包む黒いビロードに聖水が注がれると共に、その棺は左側の小さな祭壇の口に下ろされた。修道士たちは低い声で詠唱しながら、故人の魂のために祈った。そして、墓石が嘆きのような音を立てて閉まり、ジョヴァンニの体を受け入れた口を塞いだ。石が床に落ちる音は聖なる壁に反響し、狂乱した蛾のように舞い上がった。

インベキト

IN VE CHITO

カルボニャーノから離れることはもう一晩もできなかった。まるでカポディモンテ城と愛する湖が彼女を妨げているかのようだった。彼女の心はあまりにも混雑していて、時々、自分が経験したことさえも感じないときがあった。

だからオノフリアとベルナは城に到着した途端、女主人が持って行きたいと思っていた少しのものを取るのを急いだ。一方、女主人は厳格な建物の足元に広がる庭園で過ごしていた。

「オノフリア、あなたは私たちの女主人に仕えてかなりの年月が経っていますよね？この城の中を自分の住まいのように動き回っているようですが...」

「実際、そうなんです、好奇心旺盛なお嬢さん...」

「じゃあ、あなたはイタリアを動き回ってきたのですね！私たちがあの船に乗った時にわかりました...あなたはまったく怖がっていなかった。私は逆に...」

「祝福された娘よ、まだ学ぶことがたくさんあります！」

女主人の衣服は折りたたまれ、トランクにしまわれ、ベッドは整えられていた。2人の女性は中庭に降りて、馬車に積み込む準備が整った。
ベルナは窓の1つを開けて部屋を風通ししようとした。冷たい空気が彼女の頬をなでるように触れた。シャッターを閉めようとしたが、庭にいる女主人を見つけた。女主人は石の手すりに立ち、目を湖の広大な水域に向けて、先程夫の遺骨を埋葬した島の方を見ていた。
「確かに、イウリア様は本当に不運です...私は聞いたことがあります。イウリア様の最初の夫、オルシーノ氏はバッサネッロ城の寝室の屋根が崩れ落ち、彼の下敷きになって亡くなったとか。そして今度はジョヴァンニ氏という聖人のような人物も見つけたと思ったのに、彼も彼女を一人にしてしまったんですよね」

「ベルナ、くだらないことを言うな、イウリア様には男性なんて必要ないのです。彼女は自分で強いのです、そうでなければカルボニャーノの封土を治めることもできませんし！」
ベルナはオノフリアの情熱的な言葉に驚き、その言葉の勢いに圧倒されたが、老女はすでに部屋を出て、女主人の服を持って姿を消していた。ベルナはカーテンを閉めると、心残りのままで湖をもう一度見つめた後、庭に降りて旅の準備をすることにした。

帰り道は、前日よりも長く感じられた。道の荒れ具合がより際立っており、馬車の中の静寂は重く、まるで車内に響いているようだった。

最初の郵便局で、御者が馬を休ませて水を飲ませる間、ベルナは馬車から降りた。カルボニャーノから離れるのは初めてで、馬が水を飲んでいる石の水飲み場すら驚くほどに見えた。凍った地面は若い女性の足音でキーキーと鳴り、彼女が再び車両に近づくところまで聞こえた。

「イウリア様」と彼女は女主人に向けて言った。「もしよろしければ、御者の隣に座って風を感じながら旅を続けたいのですが…」

「…そして少しはおしゃべりをするつもりね、ベルナ？」ジュリアは笑いを抑えられなかった。その若者はいつも、場の雰囲気を和らげるその適切で突然のジョークで、暗い瞬間さえも和らげてしまう。彼女はベルナに向かってうなずき、その後、オノフリアと視線を交わし、一瞬にして心に浮かんだ考えを大声で述べた。

「あの子を私の機嫌が悪いと思わせてしまったみたいね、でもあなたは私が自分の湖と、私が生まれ育った家に戻ることが私にとって何を意味するか、よく分かっているわ。」

オノフリアは毅然とした表情で彼女を見つめ、悲しみを感じることを恐れなかった。少しの揺れを伴って馬車が再び動き出し、2人を揺らしながら進んでいった。
「そして今、あなたは私の城の主となるための危険な道も知ることができたわ。あなたはいつも私の傍らにいてくれたわ…ベルナは私に数年前に出会っただけで、彼女にはわからないことなのかもしれないけれど…でも、本当はそうした方が良いのかもしれないわね。」
ジュリアはオノフリアが自分に近づいてくるのを見て、目を閉じた。そして、暖かい乾燥した手の安心する軽い触れによって、自分が不思議と再び子供になったように感じた。
「イウリア・プルケリマ、あなたが歩んできた道を責めることのできる生きている魂は存在しないわ。あなたは強く、有能な女性。あなたが自らの力でなりたった姿を見たら、お父様は誇りに思うことでしょう！」
ジュリアは目を開け、賢いオノフリアに自分がその言葉を聞きたいと切望していることをすべて伝えた。
2人は共に微笑んだ。

＊＊＊

　翌朝、ジュリアは朝早くに目覚め、良く眠れた夜からリフレッシュされた。寂しいほど静かなサロンを横切り、その静けさを楽しんだ。彼女はとてもエネルギッシュな気分で、何も食べずにすぐに厩舎に降りることに決めた。

彼女は夫のジョヴァンニのズボンを着用し、皮の紐で粗末に留めていた。彼女は不思議なほど心地よく感じ、感情の渦に身を置いているようだった。

厩舎の馬丁たちは、自分たちの仕事に忙しかったが、足音を聞いて顔を上げた。ジュリアは彼らの顔に興味を見つけた。最初は、お互いを見つめ合い、彼らの主人がその変わった服装の下にいることに気づかないかのように見えた。しかし、次第に、その奇妙な服装の下に彼らの主であることを見つけた際の混乱と驚きが彼らを支配し始めた。

『私の馬に鞍をつけろ』とジュリアは断固とした口調で命じた。馬丁たちは彼女の言葉に呆然とし、しかし彼女は目を逸らさず、むしろ驚いた男たちをより強く支持した。

その時、厩舎は活気づき始めた。馬丁たちは場面を見てヘンテコな動きをしながら主の命令に従った。仕事が終わると、ジュリアの使用人の妻であるカミーロがジュリアの助けに駆けつけた。彼女は亡き夫ジョヴァンニのズボンの中にいたにもかかわらず、馬に乗ろうとする意欲がありました。

通常、カミーロは彼女を腰で持ち上げる必要がありましたが、ジュリアが合図すると、その男は即座に理解しました。それから、カミーロはひざを地面につけ、手を交差させました。ジュリアは鞍の取っ手を掴み、馬丁の手の間に右足を置き、両足で馬の背中にしがみつきました。

自分の偉業に誇りを感じながら、周りを見渡し、その光景を見て驚いた男たちの表情を見ました。ただカミーロだけが微笑んでおり、ジュリアの非伝統的な選択に誇りを持っていました。

突然、カミーロは馬の口に垂れ下がっていた手綱をジュリアに渡しました。馬丁たちの間で引っ張り合い、ジュリアは彼らの視線を支えながら手綱を掴みました。そして、軽く馬の腹を蹴って厩舎から出るように促しました。

彼女の顔に風が当たり、その冒険が彼女の体に解き放たれた自由な感覚を楽しんだ。

彼女が感じた感覚は比類のないものでした。動物と一体化した動きを感じることが非常に満足できるものでした。何世紀もの間、女性は体をひざで閉じたまま乗ることを余儀なくされたが、不思議なことに、その制限から一瞬解放されたような気がしました。

…まるで世界が私たち女性に、大半の時間を開いた足で過ごすことを要求していないかのようだ！と彼女は考えながら、頭を振った。

アドレナリンを放出した後、馬を息をつかせるようにゆっくり走らせました。そのようにして、彼女の心臓も興奮のために頭の中で響く鼓動を減らすことができました。

彼女を取り巻く景色は驚くほど美しく、眼下に広がる畑は彼女に無限の喜びと、ある意味で不当なものをもたらしました。ジュリアは、その豊かで繁茂した土地の支配者になるだけでなく、自分自身の人生を支配することができると気づいたのはその時だけでした。

彼女は深く息を吸い、胸に圧力を感じるまで保ちました。その瞬間、自分が再び生まれたような気がしました。

＊ ＊ ＊

馬はジュリアが帰る気がないことを理解してゆっくりと歩いていた。厩舎に戻ると、長い乗馬の後、息が切れた感覚がまだ残っていたが、朝の孤独の中で行った大胆な決定も息を止めさせるようなものだった。

ジュリアは自室に向かう途中、大広間を横切っている最中に、オノフリアの姉であるアニェーゼに出会った。彼女は家具を拭いており、ジュリアを見るとまるで幽霊のように見つめた。その普段とは異なる装いの中で、ジュリアはほとんど気づかなかった。

しかし、自室に戻る前に、ジュリアは開かれた窓の向こうにある大広間の窓に顔を出した。12月の新鮮な空気が部屋に押し寄せ、掃除は順調で、彼女の使用人たちはいつも通り花を摘んで部屋中に散らばる花瓶に入れていた。冬でも、ジュリアは花や自分の畑の野草の香りが好きだった。その朝、スミレや白いキャンパンの香りが、大広間に微かだが確かに漂っていた。

彼女は心の中で微笑みながら、窓の外の谷に面した場所に描かれたアイコンを見上げた。そこには彼女が依頼した大きな円形の絵があり、その中に荒々しいユニコーンが立っており、決して穏やかではない表情をしていた。その上に真っ白な

41

カーテンに書かれた「イン ベ キト」という言葉があった。
彼女は、足場が不安定な足場に登った画家が「その奇妙な言葉」を繰り返すように頼んできたことを思い出しながら微笑んだ。
「それは奇妙な言葉ではありません」とジュリアは少し不快そうに言いました。「それはモットーです、そして私がお伝えした通りに書かなければなりません。最初にイン、次にベ、そして最後にキトです。
芸術家は、しばらくそれを見つめた後、納得がいかないままに注文に従い、他のことを尋ねることなく逡巡しながら受け取った。彼は、おそらく城の女主人が知らない言語を話していると思ったので、たぶん後で来る人には見えるだろうと考えた。
「お嬢さま、昨日クモの巣を取りましたが...何か忘れてしまったのでしょうか？」
ベルナの声にジュリアは驚いた。

「いいえ、でもまたそんなことをしたら、驚きのあまり気絶してしまいますわ！」ジュリアは、少なくとも 1 尺ほど背が高い女の子に向かって言った。

「それじゃ、お尋ねしてもよろしいですか？あなた方は何を見ていたのですか？」とベルナは尋ね、先ほどは女主人の目線だった場所を見上げた。

「まさか！あの絵、あそこにあったなんて！」
「私が依頼したのよ、この屋敷の上階にある装飾も全部ね。
ここに移り住む前にね。」
ジュリアは、その奇妙な窓の物語を彼女に話したいと思い、
ベルナを招き入れた。居間の窓辺には両側に座席があり、
女性たちは向かい合って座ることができた。ベルナはまだ天井
を見つめていて、まるでその絵を初めてじっくり見るかのよう
だった。一方、主人は続けた。「この円形を作ったのはひとつ
の目的があって、それを理解できる人にメッセージを送ること。
あなたは何を見ますか？」

「ええと...私は芸術的なことには詳しくないですが、一角獣
が見えます。後ろ足で跳び上がり、かなり怒っているように見
えます。」

「他には...何か見えますか？」
女の子は目を細め、窓から差し込む光を手で遮った。
「それでは...城の下の広場に建てた噴水も見えますし、文字
の入ったリボンも... イン...ベ ... キト...でも意味を尋ねられ
てもわからないと思います！」

ジュリアは、まるで教師が生徒に向かっているように微笑んで
いて、同じ表情で彼女に話しかけた。
「イン ベはイン ベリターテ、真実です。でもキトの意味を説明
するのは少し難しいですね...あなたが話す私たちの言語以

外の言葉も知っています。フランス語とスペイン語をよく知っていますが、同じ言葉でも異なる言語で異なる発音がされます。」

ベルナは主人の言葉に耳を傾け、ジュリアは続ける前にちょっとだけためらいながら、待つ喜びを、まるで美味しい果物のように味わっていた。

「もしスペイン人にキトを読ませたら、チト と発音するでしょう。ラテン語で『早く』という意味です。ここまでわかりますか、ベルナ？」

使用する言葉や知恵を持っていれば、意味のない言葉の間に隠されたメッセージが理解できることがわかります。『すぐに真実に到達します』というメッセージです。」

ジュリアの心には、自分の魂を、自分の旅を真っ直ぐに書き表す意志が激しく浮かんできた。長い間、他の人たちが彼女について話し、彼女のことを非難してきた。もしかしたら、何年も前に考えたモットーを実行する時が来たのかもしれない。

イン ベ キト 。
ジュリアは、彼女の考えに夢中になり、ベルナの騒々しいおしゃべりを聞いていなかった。

決断

その夜、踊るろうそくの灯りの下で、ジュリアは遅い午前中に心に浮かんだアイデアを実行することに決めた。

考えれば考えるほど、それが最善の方法だと信じていた。彼女は自分自身を語り、自分の人生の真実の物語を地球上でただ一人彼女を理解してくれる人、パパ・ボルジアの娘であり彼女の若き友人であるルクレツィアに託すことにした。

彼女がその宮殿に来たとき、ルクレツィアが友人であり、相談相手であり、共鳴する魂を見つけることができるとは信じていなかった。しかし、時間が彼女たちを驚かせ、運命と不運で結びつけた。

アドリアーナは、二頭の若い雌馬を冷たく見守りながら、恐ろしい視線と冷たい心で見守っていた。ルクレツィアの消息を何年も知らなかった。そこで、熟考された意図を持って、彼女は自分の秘書であるジョヴァンニ・ペトロベッリに手紙を送る場所を見つけてもらうよう依頼した。

親愛なるルクレツィアへ、

最後に抱擁したのはいつだったか、その後何年も経ってしまいましたが…私たちの友情、私たちを結びつけていた兄弟のような愛情は、離れていても変わらずに残っていると信じています。
私の愛する 2 番目の夫、ジョヴァンニは数週間前に亡くなりました。この城の部屋は、オルシーノから贈られたものですが、静かで孤独な日々に響くだけで、私の幽霊はしばしば私を訪れます。
今朝、早朝に馬小屋に降りて行きました。ジョヴァンニのウールのズボンを履いて、初めて男性として馬に乗りました！他人の意志に従うことにうんざりしています。私たちはずっとそうしてきましたね、私たちの教育がそれが唯一の正しいことだと信じて。
私の人生の道を考え続けていて、今日は私の本当の物語を私の若い友人であるあなたに語ることに決めました。これらの手紙を通じて行います。あなたは私の一部を知っています。私の人生に何らかの理由で関わったすべての人々が同じようにです。しかし、外部から見た場合、しばしば些細な詳細に集中し、全体像を理解することは難しいものです。私はジュリア・ファルネーゼです。オルシーニの未亡人、カペッチェ・ボッツートの未亡人、そして、枢機卿ロドリーゴ・ボルジア、あなたの愛する父、そして後に教皇アレクサンデル 6 世の愛人です。

私はジュリア・ラ・ベッラです。しかし、実際のところ、私は彼女たちのどれでもありません…そして、この羽根ペンと黒いインクの白い紙に文字を書き記すことで、私の魂の印をあなたに託したいと思います、私の愛する友よ。

私のことを複雑で空想的な情報（あるいは単に簡単に見破られる嘘）で作られた偽りの情報が長い間私にまつり上げられ、個人的な利益や物質的な利点、またはどんな社会的な利益でも得るために使われてきました。私のことを自尊心を高めるために嘘をついた人もいれば、他人の評価から身を守るために嘘をついた人もいましたが、結果は同じでした：私の人格を傷つけることでした。誰もが私たちに無意味な噂を広め、自分たちの満足のために私たちを角に追いやり、不潔な布きれのように嫌悪した人間です。多くの年月が私たちを引き離し、私たちはそれぞれ自分の意思に反して進む道を歩みました。自覚的にまたは自発的に選んだことがないことがよくありました。今、周囲が静まりかえっている中、私は自分の道、この城の支配者に至るまでの旅をあなたに語りたいと思います。

ここで、自分自身が望むことや望まないことを選ぶことを学びました。

ローマから逃げているという噂を封じるために、私の居城のすべての戸や窓の上部に私の名前を刻ませました。

イウリア・ファルネシア。

私の心はすでに軽くなり、あなたの信頼できる手に知識と理解を注ぎ込んだ負担を感じています。
あなたからの返信を心待ちにしています。

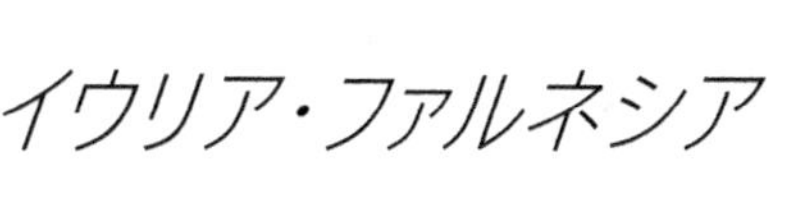

舞踊師

聖なるクリスマスが目前に迫っていた。ジュリアは気が進まなかったが、ローマのサン・シスト修道院に行かなければならなかった。そこは彼女が幼少期に学んだ場所だった。厳かな建物は、彼女を過去の無垢な時代に戻そうとしているように見えた。彼女は忠実なペトロベッリに連れられ、ポルティコを歩きながらアーチや柱を眺め、ゆっくりと息を吸った。彼らの足音が静寂に響き渡る中、誰も待っている様子はなかった。

サン・シスト修道院の修道士長であるドメニコ・フロリード・ディ・カンパニャーノが、カルボニャーノの土地の所有権をめぐるサンタ・マリア・イン・グラーディ修道院とカルボナーノの住民の間で年数をかけて争っている問題に関する連絡のためにジュリアとジョヴァンニを呼び出した。

ポルティコからの開口部から、修道士がジュリアと彼女の同行者に合図を送った。彼らは迷路のような廊下を歩き、修道院の応接室に到着した。ジュリアと彼女の秘書は、きしむ椅子に座った。

彼らを案内した修道士は、言葉を交わすことなく、奥のドアから消えてしまった。

ジュリアは内なる不安を追い払うために、ペトロベッリがルクレツィアについて伝えたことを思い出した。彼女は手紙をフェラーラのエステ家に送れば、ルクレツィアの手に届くだろうと確信していた。

彼女がまだ自分の思いにふけっている間に、ヴィテルボのサンタ・マリア・イン・グラーディ修道院の修道士数人が、先にピオリアンジェロ・ダ・ソンチーノを先頭にして、テーブルの反対側に並びました。

ジュリアは修道士たちを見渡し、彼ら全員をチェックした。ただし、ピオリだけが彼女の視線を受け止めた。その無言の小競り合いを中断したのは、部屋の奥のドアのヒンジの悲鳴で、そこから華麗にベルベットの衣装を身にまとったアルチプレーテが出てきた。彼はテーブルに向かって歩き、椅子を静かに動かすと、ジュリアは一安心して、会議が長引くことはないだろうと考えた。

「マドンナ・ジュリア・ファルネーシア、アポストリック・カメラの司祭であるジャコモ・ポンゼッティからの召喚状が、あなたとあなたの配偶者ジョヴァンニ・マリア・カペッチェ・ボッツートに出されましたが、こちらにはお見えになられませんでした...」

ジュリアは自分の内に静けさを求め、血の沸き立つのを抑えようとしました。彼女は静かに立ち上がり、無言ではなく注意を引くようにし、前の馬毛が彼女の暖かいウールのドレスに絡まっているのを気にしながら、適切な言葉を探し始めました。

そして、誇り高く目を上げて話し始めました。

「尊大なアルチプレーテ、残念ながら私の愛する夫であるジョヴァンニはもうここに来られません。彼はもう5週間も前に全能の父のもとに旅立ちました。彼の欠席をお許しください...」
その言葉で、会議に出席しているすべての人の注意が引きつけられました。ジュリアは一旦話を中断し、テーブルの周りに座っている修道士たちの目を感じながら、目を上げました。
会議室には氷のような静寂が広がりました。

「...しかし、これらの些細な点はさておき、カルボニャーノの領主は私だけですので、夫の不在にも関わらず進めるべきだと思います。」
司祭は前にあったファイルを怒って閉じ、テーブルの上に置き、しばらく黙って眉間を押さえて座りました。そして劇的に背中と腕を椅子に預けながら、ジュリアに話しかけました。
「お嬢様、もはや教皇のお気に入りではありませんので、ここにいる誰もあなたからの命令を受けることはありません！」
ジュリアはまだ立ったままで、手のひらをテーブルに置きながら深呼吸をしました。もはやどんな非難や挑発も彼女を動揺させることはないと思っていたが、その神父の鋭い言葉が彼女を揺さぶっていました。
彼女は自分自身の中で静けさを保つ方法を探していました。すると、高位聖職者の尖った声が再び始まりました。

「私、サン・シストのドメニコ・フロリード・ディ・カンパニャーノ司祭は、ここにいるイウリア・ファルネーシアが、今進行中の事件に関する必要な文書を2日以内に遺産代表に提出するよう命じます。それを怠れば、カメルレンゴのラファエーレ・リアリオ枢機卿からの破門を受けます。」
そして、その言葉を述べた後、司祭は立ち上がりました。
一瞬、女性の燃えるような視線が高位聖職者の涙を含んだ目と交わりました。彼女はその男の厳しい視線に耐え続け、最後に彼が視線を逸らし、きちんと後退するのを見届けました。
そして、女性の背中には微かな満足感の震えが走りました。

＊　＊　＊

帰り道、安心感に包まれながらの馬車の揺れるような乗り心地の中で、ドミーナとペトロベッリは領地の経営に関連する他の問題について話し合いました。その男は領主に対する複雑な事務手続きを支えており、彼は彼女に愛情や憎しみを示したことはありませんでしたが、その存在は彼女を安心させました。
砦に到着する直前、アルチプレーテとの口論でジュリアが感じた怒りはほとんど消えかかっていました。その時に、彼女は幼いころの自分の目で、彼女たちが訪れた修道院に関連する思い出を思い出すことを許しました。それはまるで澄んだ水たまりに飛び込むようでした。彼女の胸にはどれほどの純真さがあり、そしてその後何年もの間失望がそれを置き換えたか...
いつものように、忠実なオノフリアが城の門の前の小さな広場で彼女を待っていました。到着すると、御者が馬車を止め、御者席から降りて、二人の乗客の降りやすさを手助けするためにステップを広げました。ドアを開けると、彼女に安心感を与える微笑みを浮かべながら、オノフリアが男性の代わりになりました。その手は温かかったが、気温に関係なく、ジュリアは喜びました。その温かさの中に、聞きたい言葉全てを見つけ、安心できる確信を見つけました。

彼女の周りでは遠くで雷が轟き、冬の寒さに火をつけた煙の酸っぱい匂いが漂っていました。旅の間、ジュリアはただ暖かくて居心地の良い家に戻ることを願っていました。そしてほんの少しでも温かいスープと茹で肉を求めていました。

「オノフリア、今夜は疲れている。しかし明日の晩の食卓のために、代表室のテーブルをすべて用意しておいて。一人で夕食を取る気分ではない。少なくとも私の家では、何をするかしないかを自由に決めることができるでしょう？　そして彼らの男たちも招待して、オスのない鶏小屋は死にかけのつまらないものです！」彼女は秘書に向かって言いました。恥ずかしそうに彼は一礼して別れを告げ、城の周囲に迷路のように広がる道路に消えていきました。

ジュリアは門をくぐりながら、自分の家紋の百合の紋章が配置された場所まで視線を向けました。彼女は荒々しい塔の正面を目で撫でながら、それを思い出しました。そして、石灰岩で支えられた出窓にちょっと立ち止まりました。彼女は微笑み、スカートを少し持ち上げて、上級階段を登りました。彼女は自分の部屋に退きながら、サロンでの活発な活動の心地良い音を感じました。若い女性たちのクリスタルのような笑い声と、年配の女性たちのつぶやきが交差しました。彼女は扉を閉めながら、その場所が彼女の場所であり、そこだけで彼女自身でいられることを強く感じました。

＊＊＊

次の夜、ベルナはジュリアを助けて、深紅のビロードの服を着るのを手伝った。ジュリアはその生地を直接ベネチアから取り寄せ、彼女の魅力的な体型を引き立てる服を作らせた。金糸と真珠で飾られたコルセットは、四角い襟から柔らかなシフォンの白い布が出ており、首に付けられた細い真珠の糸で留められていた。

彼女は自分の魅力を見せることを好まなかった。若い頃も、母親や姑が彼女の服装や行動に影響を与えていた時も、そうだった。二人の女性は、ある時期に、目的を達成するためには何でも許されるとジュリアを説得した。だから、豊かな胸を見せたり、高い聖職者のローブの下で肉を楽しむためにテーブルの下に手を伸ばすことは、家族の名誉のために正当化された行為になった。

彼女は顔を覆わない柔らかなヘアスタイルにして、鏡を見つめた。首を見つめながら、彼女は自分の顔を見て、人生のある時点から目を逸らしたことのない女性の姿を見つけた。ローマの社交生活の中心ではもう数年間もなかったが、自覚的に、最近は娘である愛しいラウラの結婚式を取り仕切るためだけに、再びあの毒蛇の巣に近づいていた。
時間は若い頃の元気と不安を和らげたが、成熟と内面で育んだ認識によって増した美しさと魅力は変わらなかった。
彼女は準備ができていた。
彼女は代表室の扉を開けた。騒音は一瞬で消え、彼女の美しさに沈黙した。彼女はいつもそうだった...

「さて、お祝いの準備はいいですか？」
ジュリアの声が透明で深みがあって、参加者をその魅力から目覚めさせた。彼女は使用人たちやそれぞれの配偶者の間を抜けて進み、ふわふわと床に触れるドレスの音につれられて、最後に城主にふさわしい席に着いた。
ワインの色とぴったり合うように、執事は彼女のために赤ワインを注ぎ、料理が長いテーブルに並び始めた。
誰もが席に着き、喜びの声が再び部屋に広がった。暖炉では活発な炎が燃え、部屋を暖めていた。高貴な人物や高位の聖職者はいなかったが、ジュリアは自分の養豚場で作った豚を、自分たちの畑で育てた香辛料を振りかけて焼くように命じた。テーブルはたくさんの料理で埋め尽くされていた：グリーンオムレツ、ラードの入った豆のスープ、ラディッシュとリコッタのビート、栗などの美味しい料理が並んでいた。
すぐに男たちが部屋を横切り、まだシューシュー音を立てている肉が盛りだくさんの大きな皿を持ってきた。空気中には強

烈な香りが立ち込め、参加者はそれらの美味しさを楽しみに
待っていた。
ジュリアの使用人たちは、二股フォークとナイフを器用に使
い、男性たちは恥ずかしげもなく手を使っていた。彼らは自分
の主人が彼らを彼らの奉仕と誠実さで評価することを知って
いたからだ。
最初のワインと料理とのほほえみながらの強欲さの後、参加
者のお腹がグーグー鳴らなくなり、食器やカトラリーの音も静
まった時、満足が顔に表れた。雷鳴の後のように必然的に、
忠実なグレゴリオはリュートを取り出し、バラードを弾き始め、宴
会を楽しませた。音楽で支えられた喜びは、館主が立ち上がっ
て手を叩くと一瞬にして部屋に静寂をもたらした。

「昨日、カルボニャーノの領地に関連することでローマのサン・
シスト修道院に行ってきました。その機会はあまり歓迎される
ものではありませんでしたが、一瞬だけ、過去に思いを馳せま
した...」
参加者たちは彼女の言葉に耳を傾けていた。これがジュリア
の好きなことだった。

「踊ることができる人はいますか？」
ジュリアは、彼女たちの男性たちに向けられた女の子たちの
微笑みを楽しんでいるのを見て言った。

「昨日行かなければならなかった修道院は、私が子供の頃に 2 年間滞在した場所でした。そこでは、私たちは女性としてのふさわしい教育を受けました。フランス語や家庭経済のほかに、週に一度「ダンスの先生」がレッスンをしてくれました。」
ジュリアはノスタルジアを込めて話し、言葉が流れていく間、彼女の過ごした時代を鮮明に思い出した。彼女はダンスのレッスンの終わりに、バレエのリズムを保つために注いだ努力の後、興奮に染まった頬がまだ生き生きとしているように感じた。

「もしお望みでしたら、今夜はファランドールやガリアルダのいくつかのステップを教えましょうか...」
椅子とベンチがどかされ、カップルができあがった。
ジュリアはダンスの先生となり、音楽が鳴り響く中で、横にいた控えめな人々を手を取り、部屋の中央に連れて行った。彼女は彼女の仮想の宮廷に、腕を組んだ鎖を壊す方法やカップルを作る方法を示した。そして彼女は息を切らして女の子たちに話しかけた。

「このステップに到達したら、豪華なドレスを見せるように歩くべきです。」
ドレスを持ち上げながら、彼女たちの一人が愛らしく振る舞った。

「よくやった、テレジーナ！」と、男性の声が音楽をかき消す。
「名前にふさわしいドレスを持ってから、完璧な女性になるで
しょう！」
部屋中が大笑いに包まれた。
ジュリアはベルナを相手にして、自分の人々に、一歩踏み出
す方法、時には片足で、時にはもう一方で蹴る方法を示
し、その運動に時折見られる無限の変化、ジャンプ、脚の交
差、飛び跳ねるような動きを模倣して、官能の儀式を表現
した。彼女は美しいドレスを手で持ち上げ、足を半分まで出
したまま、恥ずかしげもなく舞った。
暖炉の近くの椅子に座っていたオノフリアは、姉妹のアニェー
ゼと共に、彼女の主人を愛おしみ、母性に満ちた視線で見
つめていた。
それはまるで、ジュリアが多くの年月前の無邪気な子供に
戻ったかのようで、音楽が部屋を満たし続けている間、彼女
の頬は熱くなり、髪の毛がアップスタイルからこぼれ落ちるほ
どの情熱に包まれた。
二人の姉妹は互いを見つめ合い、彼女たちの主人を愛し、
尊敬し、彼女が彼らを尊重しているのを見て微笑んだ。
そして二人の年老いた女性も、椅子から立ち上がることな
く、リズムに合わせて手をたたきながら、笑いながら、その共
鳴する喜びの瞬間を感謝した。

教皇使節

その朝、主人はいつもよりも長く自分の部屋にとどまった。ルクレツィア宛に書かれた手紙を何度も読み返した後、それを手でいくつか折り、表面を丁寧に押してローマのファルネーゼ家の家紋である一輪の百合の浮き彫りが施された素敵な封筒に封じた。その前に、ペトロベッリが封筒に書いた宛先を丁寧に書き写した。

しかし、ジュリアの秘書はそれだけでは済ませず、主人の手紙をどこの商人にも頼まず、フェラーラとのやりとりのために敬意を表してジュリアの兄である枢機卿アレッサンドロ・ファルネーゼのために、ヴィテルボの教皇使節に連絡を取り、二か月に一度使者を派遣してフェラーラとの手紙のやりとりを取り扱うことになった。そのため、主人の忠実な秘書は教皇使節にかなりの金額を早めに支払い、そのサービスが受取人の負担にならないようにした。それは当時の慣習通りだった。

「よく聞いておくれ、ベルナ。今日、教皇使節はカルボニャーノのサンタ・マリア・デッラ・コンチェツィオーネ教会の前にいるはずだ。ヴィテルボの市の色、青と黄色の制服を着ているので見逃すことはないだろう」

ジュリアから与えられたすべての指示を理解したように、少女は頭を軽く振ってから、まるで誰かの命がかかっているかのようにジュリアから渡された封筒を慎重に抱え、出発した。

城門から少し離れた場所にある洗濯場を横切り、城の門を抜けると、彼女は城の周囲に張り巡らされた小道の迷路に入っていった。彼女は急な坂道を注意深く歩き、教会前の広場に至るまでに、太陽の光が当たることはほとんどなく、薄い氷の層はまだ溶けていなかった。

広場に到着すると、使者はすでにそこにいた。その制服はツルピヨの市の色であり、彼女はその使者がしばらく前から待っていることを理解した。そして、その使者が通り行く人々の好奇心を引くことに気づいた。特に子供たちは笑いながら彼の周りをぐるぐる回り、その態度を真似していた。彼の優雅さは、その時には市場のために広場に群がっていた人々のみすぼらしい服装と強烈に対照をなしていた。そして、人々のざわめきの中で、商人たちの大声での呼びかけが聞こえた。

混乱する中で、ベルナは使者を見つけるのに少し苦労した。彼女は人混みの中で自分の位置を確保しようとしていた。若い使者の前にたどり着くと、大きな犬が彼女の前に立ちはだかった。その犬は馬の後ろから現れ、歯をむき出してうなり声を上げていた。その犬の脅威的な口から出る唸り声に、彼女はたちまち動きを止め、特別な手紙を守るかのように胸に抱えた。少女は自分自身と特別な手紙のために心配していた。

少女はその舞台に立ったふりをする使者が一瞬の間に表面に現れた偽りの優越感から目を覚まし、犬の攻撃性を軽減しようと、強力な口笛を鳴らした。犬は鳴き声をあげて尻尾を挟み、馬の下に隠れた。

「伏せ！」と使者が叫び、しっかりと手に握った槍の杖を地面に2回打った。「恐れることはありません、今はもう大丈夫です」

「お客様...」と少女は言った。「私の主人とペトロベッリは、この書簡をお届けするように私に頼んでいます。私だけのために...速く、速く、速く！」
使者は羽飾りの帽子の下から、少女を静かに観察し、彼女の唇はちょっと引き締まっていて、彼女は彼の陰で笑いをこらえているように見えた。その短い瞬間、彼らの視線が交わり、ベルナは共感を感じ、他の人も同じように感じているようだった。結局、彼らは同じ年齢であり、お互いを好意的に思うのは当然のことだ。

「もし返事がある場合は、二か月後にここにいます」と使者は言った。そして、彼は彼の役割に戻り、フェラーラ市の象徴である獅子とヤシの木が描かれたペイントされた木箱に手紙を戻した。
一方、ベルナはその作業をじっと見守っていた。彼が手紙を丁寧に収めたことを確認したかったが、彼女は彼が美しい使者として消えていくのをもう少し楽しみたかった... 彼女にはそれが全然悪くなかった。

「ではまた、お嬢さん」と彼は小さく呟いて、軽く帽子に手を添えた。そして、馬の腹を叩いて一気に去っていった。
ベルナはしばらく彼を見送りながらじっとしていた。その少年との意外な出会いは彼女を喜ばせ、今彼女が失っているものを感じさせた。彼女にとって最もうれしいことは、使者と一緒にあの犬が去ったことだった。

* * *

支離滅裂な髪型の若者がサロンのドアをくぐるのをドミーナは目にした。二歩で彼の前に立ちはだかり、帽子を手でいじりながら、視線を下に向けた。おそらく彼が城に入るのは初めてのことだろう、ジュリアは思った。そして、おそらく彼はいつもの環境とは異なる雰囲気に圧倒されているように見えた。

「あなたがメニコ、ロンチリオーネのアンジェロ・ジャコマッツィの息子、本当ですか？」

「はい、ドミーナ、私がメニコです...」

「あなたの父は亡くなりましたね...」ジュリアは十字を切り、彼の前の若者は右手で帽子を手放し、同じく右手で頭、胸、左肩、そして右肩に触れる仕草を急いだ。女性はその

62

若者のぎこちなさと、彼が彼女に対して抱く畏敬の念に微笑んだ。

「よし、あなたが声明を出す必要があることは知っています。私の秘書がメモをとります」
ジュリアはため息をつき、胸に手を当てながら、彼女が座っていた椅子の背もたれに寄りかかった。

「はい、ドミーナ、私はここに、私の亡くなったお父さん、魂の安らかなることを、1488 年に購入した九アルデンテ地域の土地の世話をすることをお伝えし、これを証明するために、九アルデンテ地域に九つの小麦を蒔いたことを申告します」
その大男は、おそらく暗記したと思われる一連の言葉を一気に言い終えた。その言葉を発した後、非常に重い課題から解放されたかのように、汗で濡れた額で彼は腕を体に沿わせ、深いため息をついた。若者がジュリアに微笑みかけて目を上げたとき、彼女もそれに応えた。
その間、ペトロベッリは未来のための大きな革の本に宣言を書き留めていた。彼はインクの瓶にペンを浸し、白い羽根を巧みに動かして、真っ白な紙に筆を走らせた。
もしメニコが書くことができれば、彼に宣言の署名を求められたかもしれないが、そうはならなかった。ほとんどの農民たちは文字を読み書きすることができず、ジュリアは彼らが述べた内容を理解し、発表することができれば十分だと考えていた。
ペトロベッリは若者を退け、次の申告者を入れた。

****

その間、オノフリアは正装の部屋の一つから、代表の間に続くドア越しに彼女のイウリアを見つめ、自分の子どもが女性に成長した姿を見ていた。

ドミーナに誇りを感じると同時に、その老女は自分がその時代で最も強く、根気のある女性に仕えていると自覚していた。

彼女はドミーナの母、冷徹で計算高いマドンナ・ジョヴァンネッラを思い出した。彼女は宮廷の陰謀と野心的な権力闘争で有名であった。イウリアが生まれた時、彼女は彼女を彼女から取り除くべき迷惑な存在として渡した。マドンナ・ジョヴァンネッラは常にファルネーゼ家の権力を高めるための陰謀を企んでいた。

そして、彼女はそのことに非常に巧みだった。

イウリアがボルジア家の宮廷に行かなければならないことを知った時、オノフリアは不快感を覚えた。それはアレッサンドロの教皇座への道を促進するための贈り物であった。

オノフリアはドミーナの母親やアレッサンドロにあまり同情しておらず、そしてイウリアが家族の他の者とは非常に異なる人物であることを一度たりとも疑ったことはなかった。おそらく、それがオノフリアを特に誇らしくさせることだった。そのイウリアを彼女は神々しく崇拝していた。

カミラ・ボルジア

新年、1518 年が訪れ、厳しい冬が灰色で短い日々を刻んでいました。ジュリアはカルボニャーノに到着してから考えられないほどのレベルまで養豚と馬の飼育・販売を拡大し、村の住民の多くを雇用していました。

「いい額だわ...」と彼女は考えました。長いテーブルの上に上品な革袋を置き、マルコ・アントニオ・メローニ・ダ・コルキアーノから受け取った 55 ドゥカーティを入れた袋を手に握りしめながら、ついに一人になった。

ジュリアは顧客に肉豚、馬、炭を購入する際に、手付金や残額の支払いのための約束状を受け取ることを許していました。

彼女はカルボニャーノの封土から豚を買う顧客を飢えさせることは好まず、その態度は彼女を非常に尊敬され、崇拝される存在にしていました。彼女が営業してきた長い年月の間、誰もが借金を支払わないことはなかったし、誰もが他の養豚場に頼ることはありませんでした。

彼女のビジネスのやり方、ローマ教皇庁とのコンタクト、そして地元コミュニティの優れた労働力によって、彼女が到着する前は飢えていた小さなコミュニティが満足できる収益を生み出していました。

だれが予想しただろう、私がここにたどり着くことになるなんて。創造主に忘れられたこの場所で豚を育てることに…とジュリアは考えながら、ゆっくりと広いサロンの周囲を歩きました。

考え込んでいる間に、彼女は暖炉の前に置かれた低い肘掛け椅子に座りました。彼女はここで心地よく感じ、厳しい冬の日々に心を浸していました。

手を伸ばし、心地よい炎の温かさを楽しみながら、彼女は慰められ、心を落ち着かせました。そして、ローマ教皇庁の宮廷で過ごした日々を思い出しました。そして、どれほどある男たちが豚と似ているか…と笑いながら、時折、豚小屋を訪れる度に、若かりし頃に学んだオデュッセイアの一節が思い浮かんだことに気付きました。シルケーがオデュッセウスの仲間たちを豚に変える様子が描かれているあの一節です。

その後、彼女はそれを彼らに与え、彼らはそれを飲みました。
そして彼らをすぐに杖で触れ、豚小 屋に閉じ込めました。
彼らは豚の体を持っていました：声と毛と姿。しかし、かつてのように心は健在でした。
だから彼らは閉じ込められ、泣きながらいました。
そして、キルケは彼らに供給するためにドングリやナラ、ドグベノキを投げました。
それはいつも地面に広がっている豚が食べるものです。」

安心して、自由な女性としての新しい立場で、彼女は長い間自身の活動で手に入れた権力と富を消化し、宮廷の偽善から浄化されました。

今、すべてがより明確に見えました。
家族のためだけで、そして自分の家系に対する大きな愛のために、彼女は一部の人生で犠牲になり、従属的な女性の役割に従ったが、魂では決して屈しなかった。

* * *

フェラーラ公爵宮殿の庭園を、ルクレツィアは甥であるカミッラ・ボルジアと手をつなぎながら散歩していました。カミッラはルクレツィアの兄であるチェーザレと彼女の侍女であるドルシッラの間に生まれた庶子でした。ルクレツィアは彼女を世話し、教育にも尽力していました。それは単なる寛大さに見えるかもしれませんが、実際には数年前に亡くなった最初の息子、ロドリゴ・ダラゴナの死による空虚感を埋めようとする切ない試みでした。彼女の2度目の結婚で生まれたアルフォンソ・ダラゴナとの息子の思いが彼女を苦しめていました。
2番目の夫である息子の父親の死後、彼女はたった3歳に過ぎない不幸な子供をコゼンツァの枢機卿フランチェスコ・ボルジアの世話に預けなければなりませんでした。その時からルクレツィアは息子を見ることがありませんでした。遠く離れた存在であっても、彼女には平和をもたらすことはありませんでした。
わずか1年後、その子供はまず叔母のサンカ・ダラゴナの世話に、そしてその後イザベラ・ダラゴナの世話に預けられました。その子供の死はその後10年ほど経ってから訪れ、13歳の時にこの世から奪われました。彼はこの世の楽しみを知ることはなく、権力のゲームによって取り越し苦労された空虚さだけを知ったのです。

最初の息子の死以来、ルクレツィアは毎日、右の太ももに巻く荒布である「シリシウム」を身につけていました。それは極端な痛みではなく、しかし持続的な痛みをもたらす、粗い結び目が付いたロープでした。

彼女は自分自身を非難することがあまりにも多すぎたのです。

その寒い冬の中で、彼女の心には、自身の存在の大部分で取り巻いていた偽善と歪みから逃れたいという欲望が芽生えていました。彼女はますますサンタ・キアラとサン・ベルナルディーノ修道院の静けさに身を投じ、祈りの中だけがこの一時的な地上の世界からの避難所であり、彼女を守る繭のようなものでした。

カミッラはほぼ 14 歳になっていましたが、彼女の小柄でひ弱な外見、ほとんど天使のような姿勢からは年齢が読み取れませんでした。彼女の父親のように青白い、やや長い顔、細く光り輝く金髪、そして灰色の目は、彼女の無口な性格と重なり合っていました。彼女はルクレツィアの宮廷で、過去数年間最も美しい飾り物でした。彼らの足音は風に揺れる枯れ葉の敷物を鳴らし、彼らの息が小さな白い雲を作り出しました。

「愛すべき叔母さん、私の命はあなたの手の中にあります、分かっています...」と、女性は寒さから身を守るために頭を覆ったウールのケープを身にまとったルクレツィアに言いました。
彼らは修道院の中庭で、冬の日差しの中を歩いていました。
ルクレツィアはほぼ毎日、その姪を連れてきた場所でした。
彼女の純粋な心が世俗の醜さに汚されるのをますます恐れ、同様に、修道院生活だけが彼女をそれから守ることができるのかもしれないと信じていました。

「彼女を私に託し、私、小さなカミッラよ、全能の神に託します...」

ジョヴェッカ修道院の改修工事が進んでおり、ルクレツィアはそれ以外のことにはほとんど関心を持っていませんでした。彼女の心の中では、姪の純潔を守るための安らかな巣を準備していると深く信じていました。
彼女にはもはや関心がなく、人生の大部分で彼女を追いかけていた近親相姦の非難や毒殺者としての評判さえも、彼女には関係ありませんでした。彼女はほとんど宮殿の管理や決定に参加せず、フランシスコ会の第三位に登録し、シエナのサン・ベルナルディーノとサンタ・カテリナの信者たちと深く結びついていましたが、それらは全てカミッラの純粋さを保つことに比べれば何の意味も持ちませんでした。

* * *

ルクレツィアはカミッラに続かれて自室に戻りました。1月の冷たい空気に凍えながら、疲れた暖炉の火をきちんと維持するように依頼した後、カミッラに一人になりたいと頼みました。彼女の心を苦しめる考えが数日間彼女の頭を圧迫していました。

最近の数ヶ月、何度か彼女は自分の持ち物を詰めたトランクの底から、細いひもで束ねられた手紙の束を引き出すことがありました。毎回、その重い荷物を手で回した後、彼女はそれらの手紙を捨てたいという欲求に常に抗して、それらの手紙を破壊する勇気が見つからず、結局手放すことができませんでした。1503年6月3日から始まり、1517年10月13日まで、フェラーラに到着してから1年も経たないうちに、ピエトロ・ベンボの壮麗な筆から彼女に宛てられた40通の手紙がありました。

彼女の人生の一部は、彼女が公爵と結婚した直後に文人や芸術家と共に自分の宮廷に迎え入れた、知識人であるピエトロと遠く離れた場所で共有されました。

彼らは一時期同じ屋根の下で暮らしていましたが、それは長くは続きませんでした。ピエトロはフェラーラから追放され、いくつかの仮定された用事のために彼の家族によってヴェネツィアに呼び戻されました。

彼が去る前に、彼は厳かな態度でルクレツィアにクリスタルの球を贈りました。その贈り物に添えた言葉には、男がルクレツィアに対する魅力を物語る親密さがありました。**「私の心をあなたに残します、私の愛しい人、大切なものとして保っていただけることを願って…」**

それ以来、その球はルクレツィアの机の上に飾られていました。時折、その球が太陽の光線で貫かれたときに床や壁に放射される光の矢が、彼女にメッセージを送ろうとしているように感じられましたが、彼女はそれを解読できませんでした。彼女は球をつかんで表面のなめらかさを確かめ、その後、細い指で握りしめたまま手紙の束のそばに置きました。彼女はあの贈り物に、若さだけが許されるような率直な返答をしたことを覚えています。自らの手でロペス・デ・エスニーガの詩を書き記したのです。**「ヨ ピエンソ シ メ ムリエセ… ケトド エル ムンド ケダセ シン アマル。」**

そして、貴重なカバーレットの上に置かれた手紙の中で、ピエトロは金のような美しい髪、黒檀のまつ毛、柔らかな頬、踊りのリズムに合わせた俊敏な足について触れていました。ルクレツィアが一瞬目を閉じると、その男の繊細でエレガントな文字が目に浮かびました。どれほどの思い出が…

彼女はベッドに座り、去年の 10 月 13 日の日付が記された最後の手紙を取り出し、何度も読み返しました。

「…*私はこれらの数行で貴女に敬意を表し、私が貴女になすべき良きしもべであり、常にそうでありたいと思っています。それは時間の経過でも運命の変化でも、私がそうであり続けることを阻むものではありませんし、私がいつか貴女を訪ね、仕える機会をより余裕を持って待ち望んでいます。貴女の卓越性に手を吻んで、その恵みを謙虚に求めます*」と書かれていました。

その言葉を思い出すと、彼女の心に思い浮かんだのは、彼女が多くの年前に造幣したメダルでした。彼女は宝石を保管している箱の二重の底からそれを取り出し、その細い指でくるくると回しました。そこには炎が刻まれており、その周囲には彼が彼女のために考案したモットーである「*エスト アニム*」という言葉が刻まれていました。それは、彼らの関係を虚偽の表象の下に祝福するためにルクレツィアの意志だけで純粋にプラトニックな境界の中にとどまっていたものでした。

彼女は肩に自由に垂れる髪を撫でながら、記憶にひたって微笑んでいました。一瞬、彼女は本当にはさみが彼女の長い髪の一房を切る音を聞いたように感じました。一時の狂気の中で、彼女はその絹のような贈り物を男に送ることを決意し、そのモットーの贈り物に対する返礼として行いました。そして、その後、男が彼女のために手で執筆した「アソラーニ」の一冊のコピーを取り出し、手紙、メダル、そしてクリスタルの球と一緒にベッドの上に置きました。

彼女の罪深い関係の記憶が魂を消耗し、火の炎も少しずつ弱まって、それが彼女を創造主の腕の中に身を任せることを望むようになりました。だから、ほとんどイライラしたようなジェスチャーで、ベッドに置いてあったすべての物をひとつずつつかんで、それらを皮の袋に入れました。

決定が下されました。

彼女は即座に、自分の私設の使者にその荷物を預け、それをピエトロの手に届けるよう命じました。彼なら理解してくれるでしょう。

そして、同じ決意で、今後彼女に宛てられた手紙を配達しようとする使者や伝令を断るよう命じました。ついには、彼女は神の前とアルフォンソ公爵、自分の夫の前で純粋になれるでしょう。

鎌で切られた花

グレゴリオ・ベルトーニは、ぶっきらぼうで口数の少ない男だった。彼はジュリア女史がカルボニャーノに足を踏み入れた日から彼女の仕えていた。最初は女主人から命令されることを受け入れることができず、しかし季節が過ぎるにつれて、彼はその小柄で決断力のある女性の能力を実際に見ることができた。彼女は決して訴訟を起こさず、通らなかった道、解決されなかった争いを残さなかった。

かに、彼は誰にもこれらの考えを打ち明けなかった。彼の妻であり、宮殿の中で仕える女性でさえも、彼女についてしばしば賞賛の言葉を述べることがありましたが、彼は黙って聞いており、女性が話をやめず、彼が考えていることを尋ねることをやめないと、唸り声を上げて話を終わらせた。

しかし、ジュリアの知性はグレゴリオの期待を超えていた。この春と夏、ジュリアはリオ・ヴィカーノから分かれる水路を再建することを望んだ。ファブリカの鉄工所の仕組みをよく知る長老たちと協議した後、彼女は施設の近くに水路の流れを変えるための閘門を設置することにした。これにより、鉄工所の作業と生産を強化するための水量が増えると考えた。

時間と共に、女主人は彼女の封土とその必要性の広がりに気づき、それを徐々に改善していった。ファルネーゼは、自らの目で作業を見るためによく現場を訪れた。時折、彼女は水路の岸辺に生えている濃密な木々の陰で作業員たちと座ることもあった。彼女は正午の暑さから身を守るために。

ある日、彼女はその男たちに、彼らが作業している水路はエトルリア人によって建設されたものであり、それは彼女がローマ帝国以前に封土に住んでいた古代で知恵ある民族だと伝えた。

男たちは彼女の知識の豊富さと、彼女が封土を率いる決意に魅了されていた。その午後、グレゴリオは彼女の命令でカプララウラに向かい、アントニオ・ディ・セル・ニコラにファブリカの鉄工所の地租の支払いの保証書に署名させるために行っていた。ドン・ペトロベッリは、保証人が現在の借り手であるフランチェスコが支払わない場合、将来の地租をジュリア・ファルネーゼに支払うことに同意する書類を用意していた。

ファブリカの製品のほとんどはローマの市場に向けられていた。ジュリアが維持していた友好関係は、その鉄工所のビジネスを推進していたが、それが自身の仕事に大きく影響を与えていることを考えると、彼女にとっては何らかの予防措置をとることが適切だと思われた。

グレゴリオがカプララウラへ向かう間に、ジュリアはベルナを呼びました。最近、彼女は女主人からの呼び出しにいつも不安を感じていたベルナは、息を切らせて女主人の部屋にやってきて、ドアを開けて入り、騒々しい音を立てました。

「よく戻ってきた、ベルナ！」と、ジュリアは声を抑えきれずに笑いました。彼女は女の子の騒々しさに感動していました。

「お許しください、私は不器用で...でも私を呼んでくれたので、何か緊急のことかと思っていました...」　ベルナは顔を赤らめ、今さらドアをノックしていなかったことに気付いて、甲高い声で話しました。

「教会の前で教皇庁の使いに封筒を渡した時を覚えていますか？」とジュリアは尋ねました。まだ恥ずかしそうなベルナは、頭を振って承諾の意を示しました。

「それからちょうど2か月経ちますか？」

「2か月が明日でちょうど経ちます、女主人。」

「よし、行っていいわ...」
ベルナが後ろを振り返って扉を閉めると、ジュリアは机の上のキャンドルを灯した。午後が暗くなり始めており、ジュリアは自分の部屋だけでなく、心の中にも明かりを灯したかった。彼女は最初の引き出しにしまっていた紙を取り出し、インクをカリグラフィのペンに浸し、書き始めました。

1 月、1518 年、カルボニャーノ

愛するルクレツィアへ、

使徒使節が私の手紙を届ける間隔は二か月ですが、彼の到着前に新たな手紙を書かせていただきます。私があなたに話したい気持ちがすべてを上回っています。今朝、城から少し離れた畑にいたとき、私の使用人の一人が薔薇を切るのを見て、鋭い郷愁に襲われました。ここから話し始めたい、自分のことを話したいと思います。

私の幼少時から始めたいのです。ボルセーナ湖の青さが溢れる窓の前で、髪を梳かしているとき、私の乳母のオノフリアは私に言いました:「ジュリア、愛らしい、私のユリア、いつも私の小さなままでいてほしいけれども、いつかはあなたの運命は月桂樹の切った花になるでしょう…」

その時は、その言葉の意味を深く考えることはありませんでした。当時、この悲しき世界のことを理解する程の知識は持っていませんでした。

1484 年の夏、ローマのサン・シストの学寮からカポディモンテに戻った時、私はまさに私の身分にふさわしい教育を受けるために十分な年齢に達しました。母は、私を修道院に受け入れさせることに成功しました。今では、彼女の目的は、私を当時からローマの貴族社会に導き、私の兄アレッサンドロのために特権と引き換えに好意を得ることだったと確信しています。私はボルセーナ湖の私の家から、兄たちのアレッサンドロ、アンジェロ、ジェロラマと一緒に暮らした場所から、少人数の村からローマの大都市に引っ越したのです。学寮では、教師たちがラテン語、神学、文学、算数、音楽、ダンス、家事の経済学を教えてくれました。母は私たちが会うたび

に、重々しい顔をして、そのすべての学びが私の将来のために必要
だろうと繰り返しました。彼女は魅力的で微笑んで言いましたが、
私の仕事は私の家族のために「適切な」結婚をすることであり、そ
れから私は夫を大切にし、家を統治し、召使いと子供たちの教育
を行い、サロンでの会話をし、あらゆる階級の人々を楽しませる能
力を持たなければならないとしました。
あなたもこのような話を聞いたことがあるでしょう... あなたのおばで
あり、私の夫オルシーノの母であるアドリアーナがそれを何度もした
と思います。
悲劇的なことは、彼女が私の感情に興味を持っていなかったこと
です。
その頃、修道女である神の花嫁たちが、私たちに城を統治する方
法や夫との付き合い方、または子供を育てる方法を教えることが
できるのか、彼らがそれらのことを経験したことがないとしたら、私は
疑問を抱いていました。私は当時から多くの質問を投げかけました
が、幸いなことにその疑問は私の心に長く留まることはありません
でした。私の未来、私の夫、私の人生、そして私の家族の最も重
要な責任を考え込んでいました。私の家族... それを再構築する
には、私は死者から始めなければなりません。それがない人々から
です。

1487 年の 12 月、私は喜びに満ちた学寮から引き裂かれて家に
戻りました。私の家族の使用人がサン・シストの修道院長に宛て
た手紙を提出し、私は説明もなく修道院長にできるだけ早くカポ
ディモンテに戻るようにと招かれました。彼女は何も追加せず、私
は何も尋ねる勇気はありませんでした。家に帰ることはいつも喜び
でしたが、その時はいつもの喜びがありませんでした。私は質問を
投げかけるだけの勇気もなく、質問を投げかけるだけの勇気もあり

ませんでした。

私たちの生活に初めて接した死が、息を呑むような未知の苦しみをもたらしました。それは、私たちの身分が要求する形式だけで隠された愛情だったが、私に力と安定感を与えていたものでした。私の父の存在は太陽や私の湖の青と同じように、確かで、ほとんど常に姿を見せず、時折、目を離れた場所で軽薄でした。私の父との関係は、私の兄弟たちとは違いました。アンジェロとアレッサンドロとは男としての話を共有する必要がありましたが、ジェロラマとは一種の距離を感じていました。私は父が私と一緒にいたいと感じていました。その男の体、私が生きているのを見たことのない最初の体の前で、私は何度も母が「あなたの身分に合わない！」と言ったのを思い出しました。そして、母が一瞬気を抜いたときに、父が私に向かって、空を見つめて頭を振りながら微笑む様子を思い出しました。そして、私は彼が私に無駄に支持を求めるたびに、ためらいなくそれを与えていたことを思い出しました。

現実に戻ります：私はカルボニャーノ城の私の部屋の机に座って微笑んでいます。ここでは、私は主人となりました。私の湖から遠く離れ、ローマの宮廷の偽りからも遠く離れています。私が以前まで知っていたすべてから遠く離れています。すべてから遠く離れていますが、確実に私に近づいています。

ルクレツィア、兄弟のように抱擁します。そして、あなたからの早い返信を楽しみにしています。

イウリア・ファルネシア

私世界に没頭していたジュリアは、気がつかないうちに時間が経過していた。彼女は情熱的かつ熱心に書いており、外が暗くなったことに気づかなかった。彼女は観客のように過去に心を浸し、詳細が鮮明に蘇るのは驚くべきことで、まるでそれが数日前の出来事のように感じられた。

ジュリアは残り少なくなったろうそくの炎でろうそくの封を溶かし、自らの署名の横に数滴のろうを落とし、家紋である百合の印を押した。ジュリアは皿の音や使用人たちの足音、おそらくは彼女の夕食のためにテーブルを整えた使用人たちの軽い囁きを聞くことができた。

支度を整えた料理の甘い香りを深く吸い込み、ジュリアはその香りに誘われて書斎を離れ、ダイニングルームに向かうことにした。

健康証明書

翌朝、ベルナは早朝に教会の前の広場に向かいました。そこで教皇使節に会うはずでした。日の光が徐々に広場に差し込んでくるのを待ちながら、ベルナは忍耐強く立ち続けました。

彼女は手を背中に回し、手には彼女の主人から託された封筒を優しく握っていました。彼女はその広場を何度も何度もゆっくりと歩いて計りました。石畳の上で、彼女は何度も何度も、その強靭な腕を使って石を鳴らす石工の動きを見ていました。彼女は男の動きに魅了されましたが、彼が何をしているのかはよくわかっていませんでした。

突然、音が静まり、彼は急いで手を拭うと、おそらくワインであろう液体を口から飲み込んでいました。それは容器の中に刺さった管を通って流れてくるものでした。

ベルナは彼のすることにうっとりしながら、その男がどうして窒息しないのか疑問に思いました...

男は酒樽を持ち上げ、スムーズな動きで教会の壁に置き、酒に浸った髭を袖で拭い、歯のない笑顔を彼女に向けました。

「飲むかい？」

「いいえ！」

「**Vinum bonum laetificat cor hominis！***良いワインは
人の心を喜ばせます*」
ベルナは彼の言葉の意味が分からず、下を向きました。

「あなたは、私の主人をどうやって呼ぶ権利がありますか？」

「実は、彼女がこの碑文を依頼したのです。意味を知りたい
ですか？**AD...** 土地の著名な君主ジュリア・ファルネーゼ」
彼女は、彼の主人の名前が出たことを聞いて驚き、彼が作品
に夢中になっているのをじっと見つめました。

「あなたは、私の主人をどうやって呼ぶ権利がありますか？」
「確かに彼女がこの碑文を依頼しました。それが何を意味す
るか知りたいですか？**AD...** ジュリア・ファルネーゼ。」

「それでは、なぜ日付を明示せずに年を記していますか？」と
ベルナは言いました。彼女は手に封筒を握りしめたまま、手を腰
にやりながら質問しました。

「なぜかって？簡単です。作業が終了したときに年を書きま
す。そして、あなたの主人は私たちの仕事に満足するでしょ
う。」
彼が言い終わると、手紙の上に手紙が彼女の主人の名前
で書かれた美しいカリグラフィーが目立っていましたが、「外側
はきれい、内側は汚い」という黒い楕円形の印がありました。

ベルナは言葉を理解することができました。彼女の主人は使用人が読み書きをし、署名をすることを重視していましたが、ベルナは読書の練習が少ないため、時々文章の意味を理解できませんでした。

ベルナの興味を引いていたのはメッセンジャーでした。彼は手紙の中身を見ないで、ただ外側だけを消毒したと言いました。

「今回は、ルクレツィア夫人の回答ではありません。」
ベルナはびっくりして、彼が言ったことの意味を理解しました。そして、ためらいながら手に持っていた封筒を渡しました。

「でも、私はもう一通手紙を持っています...」

「大丈夫です。あなたの主人は教皇庁の使者にこの旅をたくさん支払いました... だから、たぶん今回は配達できるでしょう！」
そう言って、メッセンジャーは新しい手紙を取り出して素早く封筒にしまいました。そして、儀式的に、彼女に元の手紙を返しました。
馬にまたがっていたメッセンジャーが去ると、ベルナは広場の中央に立ち尽くしました。彼女の心臓は彼女に向けられた手紙のように激しく鼓動していました。

「お帰りなさい」とメッセンジャーが演劇的な様子で言い、次に彼が持っている貴重な中身をいじくり回しました。
彼は封筒を取り出し、目の前の女の子に手渡しました。

「残念ながら、私は 2 か月前にあなたに渡した手紙を返します。私はフェラーラに行ったのですが、ルクレツィア夫人は使用人に手紙を引き取らないように命じました... 彼女の唯一の望みは、今は世界から遠ざかることのようです... そして、それが彼女宛ての手紙だったので、他の人に渡す勇気がありませんでした。」
手紙は煙のような鋭い臭いがし、いくつかの箇所で切り裂かれ、穴が開けられていました。ベルナの疑問に満ちた視線は、手紙とメッセンジャーの間を行き来しました。彼女は、手紙が手厚く保管されているように見えたメッセンジャーを見て、手紙の状態を理解できませんでした...

「手紙が送られていく過程でさまざまな問題が生じます。強奪、旅の長さ、道中の危険、戦争、不確実なアドレス、または転送先の変更などです。しかし、手紙を通じて病気や流行病が広まることを恐れています。私は宿で休憩し、馬を交換することができますが、手紙は硫黄、乳香、カンファー、ヨモギの混合物で燻し、その後切り裂かれたり穴が開けられたりして、煙が中に浸透することを願っています。」
ベルナの注意はメッセンジャーに向けられていました。一方、石工は再び作業に戻り、トラバーチンに対する彼の鑿の音が響き渡りました。

「そして」、彼は封筒を素早く回して、「手紙には消毒された証明書が付いています。」

封筒の上には、彼女の主人が美しいカリグラフィーで書いた住所と並んで、「外側はきれい、内側は汚い」という黒い楕円形の印がありました。ベルナは言葉を理解することができました。彼女の主人は使用人が読み書きをし、署名をすることを重視していましたが、ベルナは読書の練習が少ないため、時々文章の意味を理解できませんでした。

彼女の主人がそのような悪い状態で手紙を受け取ったことを理解し、ベルナはためらいながら手紙を彼に渡しました。

「しかし、私はもう一通、手紙を持っています。」

「心配しないでください。あなたの主人は教皇庁の使者にこの旅をたくさん支払いました... だから、たぶん今回は配達できるでしょう！」

彼の言葉を聞いて、彼女は手紙をメッセンジャーに渡しました。そして、彼が返した元の手紙を受け取りました。

馬に乗ったメッセンジャーが去ると、ベルナは広場の中央に立ち尽くしました。彼女は手を脇に下ろし、もう動けなくなっていました。彼女は彼の作品の音を聞きながら、ただ、その悪い知らせを彼女の主人に伝える方法を考えていました。

＊ ＊ ＊

その少女はゆっくりと城に向かう道を歩きながら、考え深かった。ジョヴァンニの死後、イウリア女史は徐々にその時から身を包んでいた憂鬱な雰囲気を手放していた。そして、若き日の友人に手紙を書くことが、彼女の日々から悲しみを遠ざけるのを助けているように思えた。ベルナは、ジュリアが自分の部屋に引きこもって手紙を書くときの彼女の顔に喜びを見ており、メッセンジャーの新しい訪問までの日数を尋ねられると、喜んで答えた。

城の門の前に到着した時、ベルナは深いため息をついて一瞬立ち止まった。彼女は目を閉じ、歯を食いしばり、中に入る勇気を出しました。

しかし、門をくぐると同時に、彼女はその知らせが彼女の主人にもたらす痛みを完全に理解しました。完全な沈黙の中で、少女の足音は太鼓のように響き、彼女の心臓の鼓動と重なりました。

ジュリアは歩を急いでベルナに近づき、少女の顔に喜びを見たが、彼女の主人に不可避の失望を与えることを気に入りませんでした。だから、一瞬の間に、少女は決断し、急いで肩にかけた重いショールの下に手紙を隠しました。

「イウリア女史、申し訳ありませんが、メッセンジャーは何も持ち帰ってきませんでした。しかし、フェラーラの公爵夫人など、貴女のような女性が抱える多くの義務をご存知のように、お忙しいことでしょう。お友達はお忙しい中、お返事をいただけなかったようです... あなたは何も怠らずにすべてをこなすことができる唯一の人です！」

その褒め言葉でも、ベルナは彼女の主人を笑顔にすることは
できず、ルクレツィアからの返事の不在によって傷つけられた
彼女は暗くなりました。

自分が起こっていることの罪悪感を感じるように悲しみ、少
女は主人を見送り、彼女が自分の部屋に向かうのを大いに
失望したまま静かに閉めるドアを見つめました。

＊ ＊ ＊

深夜になってもベルナは眠れませんでした。彼女を苦しめてい
たのは、彼女の主人に嘘をついたことへの後ろめたさでした。
町のおばあちゃんたちの中には、それがまさに本当の嘘ではな
く、弁解のための嘘であり、愛する人々を傷つけないために
言われるものだと言うでしょう。しかし、それでも彼女は不安
に駆られていました。彼女は手紙を隠すために寝床のわらの
下に隠すことに決めており、おそらく夜が良い策をもたらし、そ
れを覗き見から守ることで心が落ち着くと確信していました。
その時点で選択肢は少なかった：手紙を破壊するか、ある
いはすべてを彼女の主人に打ち明けるかです。

愛は驚くべきことをさせるものです、とベルナは考えながら、モル
フェウスの腕の中に身を委ねました。

教皇庁書記官

ジュリアの肩には他よりも重い責務がいくつかありました。その一つが、退屈な志願者たちの話を聞かなければならないことでした。彼女はすでに半時間以上、バーバーのマエストロ・マッフェオと彼の仲間であるマエストロ・カプラニカ・ダ・カプラニカの話を聞いていた。2 人は少なくとも 3 回は同じ要求を繰り返していた。

「ジュリア嬢、私たちはここにおりまして、お尋ね申し上げます...」と一人が言いました。

「... はい、はい、貴方様にお尋ね申し上げるために...」ともう一人が続けました。

「... カルボニャーノのヴィンチェンツォの手当てのために...」

「...名誉ある 12 デュカートの賠償...」

「...8 日以内にできれば、私たちの誠実な事業を続けるために供給される材料の代金を支払わなければならないため...」

「...傷口が化膿しており、私たちが介入しなかったら取り返しのつかないことになっていたでしょう...」とこの言葉に2人は十字を切りました。

「...貴殿様はすでに20デュカートを前払いしていますが、しかし...」
ジュリアは目の前で繰り広げられているこの無用な劇に本当にうんざりしていました。「お二人様」と急に席から立ち上がりながら言いました、「貴殿の要求を理解し、今日中に私の秘書であるペトロベッツリに貴殿方の支払いを済ませるよう指示します」

「ジュリア嬢、貴方のお言葉がどれほど有難いかお分かりにならないでしょう...」と2人は再び声を合わせて言いかけました。

「今後、一言でも発言した場合、1デュカートが差し引かれます。貴殿方の要求に対する回答を得たので、これで...こちらからお引き取りください！」
2人の男性は青ざめ、帽子を手に持ちながら、自分たちの主人に背を向けないように後ろに下がりました。
ジュリアはほっとしたようにため息をつきました。

サロンのドアの外、志願者たちが立ち止まっている小さな玄関の外では、ネピのメニコが神経質に歩き回っていました。一瞬、扉のすぐ外で座っている彼は、最後の2人の志願者の喜劇を聞きながら、主人を怒らせるのではないかと心配していたようです。

その女性は、玄関のドアを少しだけ開けて、手をそっと抱えながら、彼女の主人には気を悪くさせないように静かな声で言いました。ドアの近くで立っている主人を見て、彼女はその大きな帽子を手にしっかり握っているのを見ていました。そのおばあちゃんにとっては、その大男が主人のもとに進む勇気がないように見えました。

「ジュリア嬢、まだ一人の志願者が待っています。」その女性は主人を邪魔しないように、そっと小声で言いました。「彼は落ち込んで恐れているようで、お前の目の前に出る勇気がありません...」

それらの言葉を聞いて、メニコはまるでズボンの中にバネが入っているように飛び起き、サロンのドアに恐る恐る姿を現しました。ジュリアは彼に笑顔で迎え、安堵のため息をつきました。

「メニコ、ピッチェリアの賃貸のためにペトロベッリが準備した書類にサインしに来たのですか？」

* * *

ジュリアはルクレツィアからの返事を受け取れなかったことでまだかなり失望していましたが、そろそろ温かくなり始めた空気が彼女を元気づけました。

封建領地の日常業務に時間を費やした後、彼女は谷間に広がる窓を開けました。目を閉じ、深く息を吸い込んで、息を止めたまま空気を保ち、その後深く深呼吸しました。

初めて咲き始めた花の香りが彼女の鼻をかすめ、新しい始まりへの切望が強くなってきました。

彼女は書斎に座り、新しい手紙を書くことを決意しました。

カルボニャーノ、1518 年 3 月

親愛なるルクレツィアへ、

私はすでに使いに 2 通の手紙を託していますが、まだあなたからの返事を受け取っていません… でも、フェラーラを統治することはカルボニャーノの領地を管理するよりもはるかに複雑なことでしょうし、あなたは家族の義務とこれに追われていることでしょう。あなたと最後に会った時から、私はあなたの言葉であなたがどんなことを経験したのかを知ることがとても嬉しいです。

それからどれくらいの年月が経過したでしょうか、そして私の父が亡くなってからもたくさんの時間が過ぎました…長い間、私の考えの中心にはいなかったし、触れられることもありませんでしたが、前の手紙を書いている時に、私の考えは彼に向かって行ったのです。そしてある意味、彼を「見つけた」感じがしました。

過去数年間、初めて自分自身の意志で、私の人生は大きな変

化の対象となりました。いくつかは自ら望んだものであり、他のもの
は偶然の産物でしたが、ある時点から私は過去を振り返る時間
がありませんでした。待っていた道は長く、そしてしばしば私の力と
注意を完全に吸収するほど荒れていました。

しかし、手紙を書いていると、過去を掘り返し、年月を経て私の人
生を生きた多くの私自身と和解することができるように思えます。
真実の私は隅に待っていました。時には痛みを感じることもありま
すが、時には微笑むこともあります。でもたぶんこれが私が理解し、
整理し、許すことができる唯一の方法なのかもしれません。

父の死後、私はカポディモンテに戻りました。私はサン・シストの学
寮を去り、ローマで長い間の間、優雅に過ごしました。もはやフラン
ス語の授業もダンスの授業もなく、父がいない城はより暗く感じら
れました。数年前に兄のアレッサンドロはシストゥス5世から書記
官として任命され、それに伴いローマに移り住みました。

母はボニファティウス8世の家系出身で、彼女の声はなぜかバチカ
ンの華麗な部屋でも重みを持っていました。アレッサンドロに与えら
れたこの役職により、母の策略から未来の計画が具体化し始めま
した。

兄は華やかな生活、女性、お酒、良い食べ物に興味を持っていま
したが、母はこの任命によって彼を宗教的なキャリアに導こうとしま
した。彼女は息子を教皇の座まで引き上げれば家族に多大な利
益をもたらすと考えたのでしょう。

母はアレッサンドロが教皇庁のいくつかの部署で仕え、書簡や教
皇の命令書、大庁およびデータリアの文書を書くことを誇らしげに
語っていました。当時、母は自分の息子を賞賛し、教皇自身が
彼の鮮やかで洗練された言葉遣いを称賛し、彼が賑やかな人々
の中でも注意を引くことができると私に語っていました。

母の言葉を耳にして、私は彼の深い視線を思い浮かべました。そ

して彼が一瞥するだけで、相手の心を深く掘り下げられるように
なったのだろうと推測しました。

彼がローマの上流社会のサロンで歓迎され、高位の男性や女性た
ちとさまざまな話題で会話を楽しむ姿を想像しました。

私は彼が父の葬儀の際にちらりと見かけたことがありました。私も
カポディモンテに戻っていました。彼は青白く見えましたが、それはお
そらく着ていた暗い服のせいだったかもしれません。

彼は手を組んで、その職務に相応しい姿勢を取っていましたが、
私にとって彼の顔には秘密はなく、父の喪失に対する悲しみに包
まれた同じ表情を見つけました。

彼が私を見つめた瞬間、私はすべてを読み取ったような気がしま
した。最後に最低限の挨拶もできなかったことへの残念さ、そして他
人の意志で聖職服を着なければならない若者の無言で絶望的
な叫びが感じられました。

数日後、沈黙と祈りの日々が続きました（母はそう言っていまし
たが、正直なところ、アレッサンドロは自分のために残っているだけ
だと私は思っていました）。彼はすべてとほとんど話さず、私を含
め、ほとんどの時間をしんどそうに歩き回って過ごしていました。

彼の不規則な生活は再び表面化し、彼のために描かれた宗教
的なキャリアとは合わないものとなりました。父の不在は彼を耐え
る唯一の人物であったが、彼が盲目的な絶望を引き出し、一つの
愚かな行動を別の愚かな行動に続けさせました。彼は勉学を続け
ながらも、これまで以上に女性や酒に耽り、彼の任務を無視して
いました。

母は私とは話さなかったが、彼女の会話を注意深く聞いていまし
た。アレッサンドロは彼の望む生活を維持するために多額の金銭
を必要としており、彼女はこれらの支出に懸念を抱いていました。

父の死後、彼女は家族の指揮を執り、男性のような手腕でそれ

を管理していました。彼女は私たちのそれぞれの将来のために織りなす計画を家族の栄光のために着実に進めていました。

ある午後、大広間で母がアンジェロと話しているのを耳にしました。

「アレッサンドロの金銭要求にはもう我慢できない。しかもそれは彼の破滅だけに使われる。決断した、支援を中止するわ！」

その時のことを思い出すと今でも震えが走ります...　その話から数日後、夕方のミサに母と一緒に行こうと探したが見つからず、まるで地面に飲み込まれたかのようでした。

私の乳母、オノフリアは私を構ってくれ、いつもよりも守護的でした。まるで私を何かから守る必要があるかのように。夕暮れ時に城内を彷徨い、使用人たちの雑談を偶然耳にしたが、アレッサンドロが母をビジェンティーナ島に幽閉したと知りました。彼は彼女が要求する金銭を送るまでそこに留め置くと脅したのです。

その全ての中で、城の馬小屋の使用人であるガスペリーノが彼を助け、母を島に連れ去りました。

私はオノフリアのもとに走り、彼女を抱きしめました。世界は私の上に崩れ落ちました。

私は母の苦痛と失望を想像するしかありませんでしたが、彼女が子供のように過去の秘密を紙に書いていたことを考えると、思いもよらなかったことです。おそらく彼女は漁師の船に手を振り、彼らに身元を明かし、忠実な召使いであるフルジェンツィオに彼女の手紙を渡すよう頼んだのでしょう。彼女は言わば、息子の悪行に対する厳しい罰を望んでいました。

そして彼女はそれを得ました。

教皇はアレッサンドロを逮捕し、サン・アンジェロ城の牢獄に閉じ込めさせました。

その後、母は家に戻りました。最初は彼女は手に入れたことに満足しているようでしたが、アレッサンドロが投獄されるのを想像するほど、状況が自分の意志に沿わない方向に進んでいることに気づいていました。彼女はフルジェンツィオをローマに送り、息子の釈放を求めましたが、教皇は彼女の懇願を考慮に入れず、他の問題に忙殺されていました。その後、数日経った後、城に馬車が到着するのを見ました。

そこから女性が降りてきました。母は彼女をジャコベッラといい、彼女の夫であるピエトロ・マルガーニと紹介しました。伯母を初めて見た時、その立ち居振る舞いや動きの優雅さに魅了されました。彼らはしばらく滞在すると聞きました。

しかし、私の耳は常に敏感で、誰も知らない城の隅で忍び足で動き回っていると、母の意図を聞き取ることができました。甥であるピエトロに、私の母は忠実な使用人であるフルゲンツィオがローマでの最後の訪問でカステル・サンタンジェロの看守と連絡を取ることに成功したことを打ち明けました。数日後にはコルプス・ドミニの祝日があり、首都では多くの混乱が予想されていました。この祝日の間に彼が看守に近づき、金で買収し、アレッサンドロに縄を渡すだけで、彼は牢獄の壁を下り、脱走することができるでしょうとのことでした。

その言葉を聞くだけで、胸が高鳴りました。母の大胆さに私の顔が熱くなりました。彼女はアレッサンドロがしたことの代償を支払うことを望んでいましたが、母親の愛がすべてを勝り、教皇に挑戦し、すべてを計画しました。

直後、叔父のパオロと忠実なフルゲンツィオはすぐに出発しました。それは1486年の5月でした。私たち女性たちはすべてが達成されるのを待ちました。

数日後、アレッサンドロが戻ってきました。フルゲンツィオが事前に決めた場所に置いてあった若駒に乗って、全速力で戻ってきたのです。兄弟は燃えるような眼差しで話しました。脱走は波乱に満ち

たものであり、ローマを離れる前に数日間、街の裏通りに隠れなけ
ればならなかったと言っていました。

その出来事の後、広まった噂がカポディモンテに届きました。教皇
は出来事に全く満足しておらず、実質的にファルネーゼ家にだまさ
れたと感じていたため、アレッサンドロにローマから離れるよう命じま
した。

兄は数日間の煉獄の後、元の明るく冗談好きな姿に戻りました
が、そのすべては蝶のように短命でした。母はその可能性をすでに
考えており、彼女が持っているすべてのコンタクトを活用し、アレッ
サンドロが研鑽を続けるためにフィレンツェ、ロレンツォ・デ・メディチの
宮廷に行くよう手配しました。

私が若かりし日の親愛なる友人であるあなたに手紙を書くとき、
私の心は軽くなります。あなたの手紙を読むのがとても楽しみで
す！

友情をこめて、ルクレツィアより。あなたからのお便りを楽しみにして
います。

イウリア・ファルネシア

ベルナは、その女主人からルクレツィア嬢宛の手紙を受け取
り続け、忠実に2か月ごとにコンセプシオン教会の広場に向
かいました。毎回、急な坂道を下りながら、封筒はますます
重い荷物に変わりました。足を踏み出すたびに、ベルナは使

者が今回は女主人からの返事を持ってくるようにと祈りました。しかし、必ずしもその使者は前の手紙を持ち帰り、送り主に悲しい結末をもたらすのでした。

ベルナは心の重荷となるこの秘密を守り続けました。手紙を古い枕袋にしまって、寝る場所のわら藁の下に隠しました。彼女は女主人にこんなに大きな苦しみを与えることなど考えられず、誰にも打ち明けることはありませんでした。彼女はもし秘密を守るつもりなら、それを自分自身にも隠すべきだと考えました。そのため、日中女主人に仕えるときはほとんどの時間、押し潰されそうな罪悪感を押し殺すことができましたが、寝る時間になるとわら藁が棘で覆われているように感じられました。

眠れない夜には、時々その手紙を開けて読むことを考えたことさえありましたが、そのようなことをすることすら恥ずかしく感じました。彼女は女主人を極端な苦しみから守る任務が与えられたのだと思い、それは創造主が彼女にそれを耐える強い肩を見出したということであり、そのため、彼女はこの馬鹿げた状況に閉じ込められ続けました。

イザベラの結婚

イザベラの結婚の日がついにやってきた。

過ぎ去った冬は特に寒かったが、今では雪が断片的に降って
いたように、マーガレットが牧草地を白く染めていた。

最初のジャスミンと忍冬の茂みが森の縁を白と赤に染め、ツ
バメが巣を作る安全な場所を探して城壁の間を飛び回り始
めた。

イザベラはジュリアの部屋にいた。日差しが窓からそっと差し
込み、壁や天井の上部に飾られた絵を照らしていた。ア
ニェーゼとオノフリアは、まるで踊るように、少女の周りを忙しく
動いていた。一人は髪を編み、もう一人は新鮮な花の枝を
挿していた。

ベルナは真剣な表情と画家のような動きで、柔らかい肌に
米のデンプンを塗って、首元の露出した部分をより繊細にす
る作業をしていた。

大きなサロンの窓から外を眺めるジュリアは、谷へと続く斜面
に開かれた窓を見つめていた。遠くを見つめていたが、何より
も自分自身の内面を見つめていた。

彼女が甥女の世話をしていたのは 13 年になる。彼女は首
都の最高の学校に通わせ、今度は彼女を一人の男性に託

すつもりでいた。それが彼女を幸せにすることを望んでいた。

1505年の11月の夜を、ジュリアははっきりと覚えていた。スタビア城からの使者がバッサネッロに緊急の手紙を届けに来た時のことだ。手紙の差出人はジュリアーノ・オルシーニ・デッリ・アングィラーラであり、何も書かれていなかった。

オルシーノとの結婚して5年以上が経過した未亡人のジュリアは、複雑な家族の問題を解決するために誰にも頼らなくなっていた。そのため、馬車を用意するように馬小屋に指示を出し、翌朝出発する準備をした。

彼女は、姉妹ジェロラマを二度目の結婚相手として選んだ男性を好ましく思ってはいなかったが、家族の義務は残念ながら果たさなければならなかった。しかし、それには動機を持つ感情はなかった。

早朝、彼女は出発の準備ができていた。13歳になる娘のラウラは、まるで蝿のようにジュリアの周りを飛び回っていた。

「母よ、お願いです、一緒に連れて行ってください…ここは退屈でたまらないのです…」

愛する娘のためにいつも譲歩する女性だが、今回は13歳になる娘の懇願には耐えず、オノフリアとアニェーゼの世話に委ねることにした。

「夕方までには戻るわ…私が一緒に連れて行ってくれなかったことを後悔しないで、スタビア城はあなたの学校よりもつまらないわよ！」

アングィラーラの邸宅に到着すると、ジュリアは義兄のジュリアーノに出迎えられた。

「貴女の姉、ジェロラマが亡くなった」と彼は挨拶もなく告げた。「私は城から離れていたのだが、彼女は何度も刺されて…犯行の当事者はマリアーノで拘束されてマリアーノに投獄された。裁判で彼らは、陰謀を阻止するために彼女を殺したと告白した…姉は姦淫を働いていただけでなく、私や初めの結婚から生まれた私の子供たちを毒殺し、私の称号と城を手に入れるために画策していた…」
ジュリアは言葉に詰まり、もし義兄が彼女に完全な真実を明らかにしたなら、さらに動揺したことだろう。ジェロラマを深く憎む彼の息子、ジョヴァン・バッティスタが殺人を主導したのだ。
「あなたが姉をここから連れ出すのを望む」
ジュリアは、情け容赦のないその知らせに涙を押しとどめ、拳を握りしめることで、男に向かって言葉を投げた。

「この土地やこの人々は、この高貴なる者を受け入れるには値しない。私は愛する姉を、彼女が受けるべきように敬い、讃える場所へ連れて行く」ジュリアは自信を持って宣言した。

「ジェロラマはファルネーゼ家の生まれであり、この名家の名誉ある娘として記憶されるでしょう」
ジュリアーノは、義姉の言葉で傷つくことはなく、舌を鋭く研ぐ。

「名誉と栄光...法王の寝台で手に入れられたものですか、モンナ・イウリア？」

「私は愛を与えた、あなたは死を与えた！」
2人の激しい口論を中断したのは、扉のカチャカチャという音だった。すぐに2人は振り向いて、誰が彼らを中断したのかを理解しようとした。大広間に面した扉から、恐る恐る1人の少女が覗いていた：イザベラ、ジュリアーノとジェロラマの娘が、窓のほんの半分を覆う蝶番を手で押しのけながら、ジュリアから父親、そして再びジュリアへと視線を動かした。父親は彼女にほんの一瞥を向けただけだった。

「またドアの後で耳を立てているのか...全て母親そっくりだ！」と彼は言って頭を振った。

「それでは彼女もファルネーゼ家の誇りと名誉になるでしょう！」

「彼女を連れ去って、私にはあの不運な時期を思い出させるものはもういらない！」
ジュリアは、男性よりもほんの少し背が高く、指を細く男性の首に絞めつけた：その臆病者のアダムの林檎は、狂ったように上下していた。

「再び姉や姪にあなたが先ほどのように声をかけることがない
ように、気をつけなさい。二度と！」
旅に出る前に、ジュリアは姉の遺体を尊重して扱われるよう
に確認した：未亡人は、この面倒な問題から早く手を打ち
たがっていたため、義姉に木製の棺を運ぶ車を提供した。
城で働く女性たちは控えめに扉から覗き込んでいた：彼女
の１人がジュリアに近づいて黒いベルベットの布を差し出し、
彼女たちは無言で意思を通じ合わせ、ジュリアはその贈り物を
受け取り、棺に広げた。
「従姉は静かに叔母の手を握りしめながら近づいてきた。二
人の視線は一瞬交わり、そのまま手を繋いだまま、ひと言も
発さずに両者は馬車に乗り込んだ。
悲しい行列はすぐに旅立ち、夜の暗闇に挑戦しながら、すで
に夜が明けていたバッサネッロの城に到着した。
二人は馬車の中で並んで座り、涙を流すことはなかった...
『親愛なる叔母、私のドレスは気に入っていただけますか？』
従姉の声でジュリアは現実に引き戻され、その一日を特徴
づけていた過去から離れるようにした。
彼女の結婚式に選んだ紅色のドレスは、彼女の繊細な体を
際立たせ、頭に飾られた白いベールは彼女の目をいつも以
上に際立たせていた。着替えが終わると、新婦はゆっくりと
「美しい人」に近づいていった。その一瞬、彼女は姉のジェロ
ラマが目の前にいるような気がした。
彼女の目に涙が溢れた。

『イザベラ、時間が経つにつれてますますお母さんの、私の愛する妹、ジェロラマに似ていくわ...』
『叔母様が私を世話し、私の母を偲ばせてくれたこと。感謝の気持ちでいっぱいです...』
二人の手が握手し、彼女らの目に一瞬、感動の涙が浮かんだ。」

＊＊＊

アレッサンドロ・ファルネーゼ枢機卿は、使用人や召使たちを連れてカルボニャーノの城に到着し、不快そうに辺りを見回した。

「こんな汚い場所でどうやって生活すればいいのか。城は封土を支配しなければ、城とは何だろう？こんな詰め込まれた家々は、衣服を汚さないように動けないくらいの恐怖しか感じさせない！」
その言葉に、後ろについていたすべての執事たちが静かな笑いをこぼした。
兄の到着が知らされたジュリアは、上階から中庭へと続く階段を急いで降り、彼を迎えに行った。

「アレッサンドロ！」
彼女の騒がしさにイラつきを覚えた男は、不機嫌そうに目を上げて、彼女には決して愛情的ではない視線を送った。

104

冷たいその視線に出会い、ジュリアは走りながら最後の階段を降り、ためらうように歩みを止めた。

兄は一言も発せず、左手に司教の指輪をはめており、まるでジュリアがただの信者であるかのように手を差し出した。しかし、彼女は慌てることはなかった。優雅に兄の手を取り、軽く一礼して口づけをすることなく手を唇に触れさせた。

男は嫌々そうに妹をかわし、城の門に向かって歩き出した。しかし、その前に彼は目を上げ、自分の上に掲げられた紋章を見上げた。

「幸い、何輪かの百合を置いておく良心があったようだが...」と枢機卿は皮肉っぽくつぶやきながら、ダイヤモンドで飾られた十字架を軽蔑的になで回した。

「ただし、このすべてのアーチトリムに刻まれた イウリア・ファルネシア、ジュリア、お前はそれを省くこともできたのだろうに...それはあまりにも権力欲の発作的な行動のようだ...我々の家族のモットーを選ぶことができたはずだ... **Virtus Securitate Parit...** *美徳は安全を生み出す*」

ジュリアはその挑発に答える言葉を飲み込んだ。彼女はバッサネッロに戻った直後、ジェロラーマの死体を抱えて兄に懇願の言葉を贈ったことを一瞬で思い出した。ジェロラーマの残虐な死に対する復讐を願って、ローマの力のある友人たちを動かすよう兄に手紙を書いた。しかし、枢機卿ファルネーゼはその手紙と中に込められた懇願を無視した。彼にとって、ジェロラーマはもはや亡くなった存在であり、ボルジアから後を継いだユリウス2世（教皇ユリウス2世）は政治的な理由からローマの力ある家族と良好な関係を維持する必要があると絶対的に命じたため、その事件を完全に隠蔽するように要求してきた。

アレッサンドロは長年、教皇座につくために、信仰に値する男性としてふさわしくない手段や影のある行動を辿ってきたことを示してきた。彼は自分自身と自分の野心以外に興味を持っていないように見えた。

この機会に、彼は自分が実の娘であるイザベラの結婚式を直接執り行うことができないという事実に非常に不快感を抱いていた。彼が枢機卿になったとき、司祭としての任命はまだなされていなかった。したがって、彼はローマから高位の聖職者を連れてくる必要があった。

これにより、彼は自分がたどってきた過程、信仰の人間としてふさわしくない行動や影がちな行いを自覚させられ、他人にもそれを思い出させることとなった。そして、姉を見るたびに、彼にはますます言い知れぬ不快感と怒りが湧いてきた。

＊ ＊ ＊

サンタ・ルチア教会での式の後、新郎新婦と招待客たちは、ジュリアが飾り立てた室内で集まっていました。ジュリアは装飾用の植物や香り高い花で部屋を飾り、実に見事で美味しい料理で客をもてなしました。

106

ジュリアは家族の使用人たちに美しいサービスの技術を教えました。城には膳部の仕事がなかったが、メニコは優れた板前であり、マストロ・コラは遊びのつもりで覚えた儀式的な動きを完璧にマスターしていました。差出人の役割は城の女性たちが果たし、彼女たちの礼儀正しい態度がサービス全体に優雅さを加えていました。

食事の楽しみの最中、領主のジュリアは結婚式に出席したゲストたちと上手に会話を楽しんでいました。その幸せな日の祝福は、彼女の娘であるラウラと、その夫であるニコロ・デッラ・ローヴェレ、そして2人の孫の存在によってさらに高められていました。

客たちはほぼ食事を終えた時、オノフリアがサロンの1つの扉から出てきて、ジュリアに白い布で包まれた物を持って近づいてきました。

ジュリアは座席から立ち上がり、視線の届かない場所へ行き、オノフリアからその物を受け取りました。そして、新郎新婦に歩み寄りました。

「私の愛する二人に、この贈り物を通じて繁栄と幸福を願います…」

イザベラはガレアッツォに視線を向けました。彼は彼女より年上で、穏やかな顔つきで、その贈り物を受け入れる許可を求めるように。男は微かにうなずき、新婦は立ち上がり、ジュリアに歩み寄りました。ゆっくりと丁寧に、ジュリアが抱えていたものを開く手の動きに、出席者たちの好奇心が引かれました。白い布に包まれたものは壮麗な婚礼用の皿でした。皿の中央には美しいエンブレムが彫り込まれており、ファルネーゼ家とアングイッラーラ家のシンボルが配置されていました。皿の他の部分は上質なセラミックの冷たい背景に映える青金色の装飾で飾られていました。

新婦の目が上がると、それは涙でいっぱいでした。

「でも、おばさん…これはいらなかったです…もう十分にしてくれました、あまりにも…私の可愛いお母さんの埋葬をバッサネッロで手配してくれたし、それだけでも十分でしょう。それに、私の父であるジュリアーノ・ダングイッラーラの遺言の適合金 93 ドゥカートと 25 ボロニーニの支払いを引き受けたじゃありませんか…」
枢機卿とその孫のラウラは、ジュリアのイザベラに対する親切心に全く同意しないという不賛成の視線を交わしました。

＊＊＊

客たちは新郎新婦が用意された部屋に案内された後、城を散り散りに出ていった。サロンにはファルネーゼ家だけが残っていた。
枢機卿はまだテーブルに座っており、サロンの壁に描かれた紋章を熟考しているようだった。ドミナは火が灯った火床の前の自分の肘掛け椅子に座り、膝の上に姪のエレナを抱いていた。その子供は祝祭の日を跳ね回り疲れ果てて眠りに落ちていた。ジュリアは彼女が眠っているのを見て、自分の愛する娘ラウラの小さな姿との共に過ごした時間に感謝しながら微笑んでいた。

「母さん、確かにあんなにお金を使って、しかもガメリオも...私にはわからないわ。あの女性のためになぜそこまで義務感を感じるの？」とラウラが言って、ジュリアの没頭していた雰囲気を壊した。
関係が険悪になっていることに興味を持ったアレッサンドロは、静かに布地がさらさらと音を立てながら近づいてきた。
ジュリアはただ娘を見上げているだけで、小さなエレナの頭を撫で続けていた。

「私にもあんなにしてくれたことはないわ...」

部屋には静寂が漂った。

「愛しい、イザベラは私の愛する姉ゲロラーマの娘よ。あなたには兄弟がいないし、わからないわよ...それに、そんなことを言うのは本当に不義理よ！」ジュリアは小さなエレナが眠るのを妨げないようにそっと囁いた。

「あなた方はただ家族のために便利な結婚を計画しただけよ...私は何度も自分の人生を選ぶように頼んだけど、あなたたちは理解してくれなかったし、あなたたちの財産を私があなたたちの死後に手に入れることもできないのよ...」

「娘よ、おそらくあなたは何が起こったかもっと知るべきだと思う。ここに座って私に耳を貸して。」
ラウラは嫌々ながらも母の隣のもう一つの肘掛け椅子に座った。彼女は眉をひそめ、聞く気がないように見えたが、彼女の教育とジュリアへの尊敬が彼女を黙らせた。

「ゲロラーマの死から数週間後、祖母のアドリアーナ・デ・ミラも亡くなった。私たちは彼女もオルシーニ家の礼拝堂で立派な葬儀を行った。そして、数日後、銀行家で銀行チージ家の創設者で会長のアゴスティーノ・キージが私の前に現れた。ただの礼儀訪問だと思っていたが...」
ジュリアは一瞬上を見上げたかと思うと、次に進むための静けさを探しているように見えた。その間に、枢機卿ファルネーゼは失望したように、また静かに、サロンに面したドアの一つに向かって歩き始めていた。

「兄よ、行かないでください。きっとあなたも私が娘に話していることから何か学べることがあるでしょう」とジュリアが言った。その言葉に、彼は立ち止まった。現行犯逮捕されたような彼は、ため息をつき、振り返って睨むような視線を姉に向けた。そして、サロンの中央に戻るように元の場所に戻ってきた。
「彼が私の前に現れた動機について、私はもっと間違えることとはありませんでした。『故アドリアーナ・デ・ミラが抱えていた負債を請求するために来ました』と、その男は遠回しなことを言わずに述べました。『義母の負債は私には関係なく、彼女の相続人に関連します！』と急いで答えました。『まさに、マドンナ・ジュリア、その負債は貴女の娘ラウラから相続されました...』と彼は丁重な口調で言いました。『そして、貴女の娘は未成年であり、まだ結婚していないため、貴女の保護下にあります』。それで負債の額を尋ねると、義母が大変な状態にあることを知りました... 私は兄であるアレッサンドロに助けを求めることもできました」と、彼は彼に氷のような視線を向けながら述べました。

「しかし、たった数週間前に私には一人で立ち向かう方法を学ぶ必要があると理解させてくれましたね、アレッサンドロ？」

まだ枢機卿の紫衣を着た男は、右手で司教の指輪を弄っていました。

「いつになったら泣き言をやめて責任を取るのか、ジュリア？」と彼は言いました。

「兄者、私のことを言っているのですか？」とジュリアは声を張り上げ、小さなエレナは一瞬だけ目を覚まし、それからますます祖母の腕の中に身を寄せました。ラウラは真剣な表情で、その口論を黙って見守っていました。

「誰も私に手を差し伸べたことはなかったのですが、私は涙を拭う方法を学ばなければならず、時には大小さまざまな問題を解決しなければならないことも多かったのです…」

アレッサンドロはジュリアを睨みつけましたが、当然のことには返事はありませんでした。

「そこで、私は負債を認め、キージ家に 181 ドゥカートと 17 ボロニーニ、475 広ドゥカート、100 ボロニーニの金貨、19 ドゥカートと 50 ボロニーニを支払うことになりました。そして、支払いのために私の宝石のかなりの部分も彼らに渡しました：エナメルのついた金のネックレス、100 以上のリンクの金のチェーン、ダイヤモンド、ルビー、ぶら下がる真珠のブローチ、金の小さな十字架にルビー、隅のダイヤモンドと真珠、白いエナメルのライオンのスピネルを含むもの。最後に、エナメルで飾られた 6 つの銀のカップとサン・ジョルジョの姿のシルバーの盆も渡しました。私にとって、娘よ、その時も今も重要なのは、あなたの名誉と評判が清らかであり、あなたが穏やかであることです」

「貴方の記憶力は本当に驚くべきですね…さて、ドミナ、私は自室に退室してもよろしいですか？」とアレッサンドロはため息をついて締めくくりました。
ジュリアは兄の視線を数秒間、微笑まずに見つめた後、まだ自分に寄り添って眠っている孫娘に集中しました。

ラウラ、ニッコロと子供たちは翌朝に出発する予定でしたが、女性は夫にカルボニャーノにもう 1 日滞在したいと頼みました。

ニッコロは妻が母親とふたりでいたいと感じており、そのため彼は子供たちを連れて馬丁の一人に案内され、豚や馬の飼育場を見学しました。

「母さん...」

ジュリアは毎日のように志願者を受け入れる準備をしていましたが、実際には娘が残ることを望んでいました。彼女は振り返り、娘を見て笑顔が広がりました。

「ベルナ、今日は体調があまり良くないので、今朝の志願者は明日受け入れることにしてもらえるようにペトロベッツリに伝えてくれますか？また、ストーブをつけて、二人分のリネンを持ってきてもらえる場所に行って。」

賢い女中であるベルナは、彼女の主人に目配せをし、すぐに命令を実行し、扉を閉めて母と娘を二人きりにしました。

「大丈夫ですよね、母さん？」

「いいえ、娘、今日は生まれて初めてこんなに良い気分です。一緒に来て。」

美しい女性は髪をシンプルにまとめるだけの簡単なアレンジで身支度を整えました。
二人は昼食のために台所に行き、ラウラは小さなキッチンを照らす窓の外を見つめました。

「ラウラ、この城のフレスコ画のすべての作業を直接指揮しました。ただ 1 日、私は気を取られ、ペトルッツィがこの壮大なファルネーゼ家の紋章を描きましたが、それは私の兄に捧げたものです。実際、よく見ると、赤い枢機卿の帽子と両側に 2 本の典型的な紐を描いています...」

「ペトルッツィは常に賢明で非常に忠実な男性だと思いますが...」
アレッサンドロは二人の後ろに現れ、会話に割り込みました。

「この悲しい場所を離れ、首都の私の壮大な住まいに戻ります。さようなら...」彼はほぼ演劇的な振る舞いで言いながら、二人に手を差し出しました。ジュリアは軽く身をかがめ、衣服を少し持ち上げましたが、兄の手を取りませんでした。
ラウラは、そのかわりに、叔父の冷たい手を急いで取り、敬意を表して指輪を口づけた。
「まあ、良いことが少しはあったわね...娘はあなたよりも尊敬を知っているわ！」
ファルネーゼ枢機卿は振り返り、台所の扉を出て行った。ジュリアは、アレッサンド

ロが二人の間に築いていく距離に安堵を感じた。
娘と二人きりになったジュリアは、子供の頃と同じように手を取り、静寂の中を城の静かな廊下を歩いた。彼女は断固としたが敬意をもって使用人に指示を出していた。娘の手を握っていることで、女性は自分が時間を遡ったような印象を受けた。
二人は城の最も遠い場所の一つに到着した：ジュリアはラウラを閉ざされたドアまで案内した。娘は母に疑問の視線を向け、支配者は共犯的な表情で微笑んで答えた。

「今日は私の教会の扉をあなたのために開けるのよ...」

円形の部屋にはすでに湯気が立ちこめ、高い窓からは陽光が差し込み、部屋の中央にある浴槽に誘うように差し込んだ。
ジュリアは服を脱ぎ始め、娘は恥ずかしそうに彼女を見た。
"娘よ、あなたはこの体から生まれたのよ、恥ずかしがらないで...服を脱いで私と一緒に来なさい"
二人の女性は全裸のまま、部屋の中央にある浴槽に飛び込んだ。ジュリアはその場しのぎのヘアスタイルからヘアピンを

数本はずすと、娘に近づき、愛に満ちた仕草で髪をまとめた。母と娘はしばらくの間、互いの目を見つめ合い、それからジュリアはため息をついて横になった。ラウラの気恥ずかしさは、あの不思議な場所の空気を満たすしなやかな湯気の渦の中で消えていくようだった。
「お母様...ここはなんて素敵な場所なのかしら...何もかも、世界から切り離されたような気分...」。

母と娘
[MATER ET FILIA]

午前中は、礼拝堂の浴槽の中の水のように、二人の女性の肌に触れることのない親密さで過ぎ去っていった。

ジュリアとラウラは、ニッコロと子供たちと一緒に食事をとらず、少しの間を静かに過ごすことに決めた。忠実な女中たちは彼女たちが村を囲む森の中を散歩しながら摂取するつもりの控えめな食事を用意していた。

それぞれ自分の部屋で、彼女たちは待ち構えていた馬に乗るための準備をしていた。ジュリアは外出時にはいつも履いているズボンを着ることに迷いはなかった。彼女はもう、自分の本当の姿を娘に隠すつもりはなかった。そこで、彼女は軽いノックの音を聞いた。

「母上、いつでも構いませんが...」ラウラはドアを開け、ジュリアの服装に気づいて立ち止まった。

一方、若い女性は、肩から優雅に垂れる濃い赤い毛皮の短いマントを着ており、その下には上質な濃い茶色のウールのドレスを見せびらかしていた。

「さあ、ラウラ、私も準備ができたわ。」ジュリアは娘の視線を感じ、その理由を理解していたが、彼女は城に戻る前に、ラウラの驚きに説明を尽くすべきだと確信していた。

馬丁たちは女主人の馬、艶やかな赤褐色の毛皮を持つ栗毛の馬、その鬣や尾の端が光沢のある漆黒に変わっているのをすでに準備していた。ラウラは馬丁たちの無関心に驚きを感じた：誰もが母の服装について一言も述べず、ラウラはこのことが新鮮なことではないことを一瞬で理解した。

彼女は好奇心を抱き、母が男らしい姿勢で馬に乗り込むのを見つめた。鞍もまた頑丈で、補強されたポモロと背もたれが付いていた。

カミッロの手が彼女の腰を掴んで持ち上げ、ラウラは感じた。馬丁は平らな鞍に彼女を座らせ、栗毛の馬の背中に太い革のベルトでしっかりと固定した。ジュリアが小さな隊列を率いており、ラウラは黙って後ろについていった。母が着ている服や普段とは異なる態度に驚いたラウラは、母を観察し始めた。

彼女は自分の知らない女性を発見し始めていた。幼い頃の母の継続的な不在、それから様々な学校での母の滞在、バッサネッロへの彼女の訪問の少なさ、おそらくは確実に波乱の時期に行われた彼女の父の悲劇的な死、そして彼女の結婚。

前日、彼女は母親がいとこであるイザベラを優先して彼女を無視したと非難していたが、今ではその考えが非常に不公平であるように思えた。

母と叔父の間に存在する緊張感を感じ取り、おそらく、自分を産んだ人に関するさまざまな噂が、母親の人格について歪んだ認識を与えたのだろうと、ラウラは完全に混乱していた。
馬は栗や樫の木の茂みに導かれた。葉が彼女たちの通り道で開かれ、彼女たちを緑と静けさだけの魔法の世界に迎え入れた。
彼女たちは一本立派な樫の木の下で立ち止まった。完璧な静寂が馬小屋から彼女たちを導いてきた。
最初にジュリアが馬を降り、大胆な仕草で娘を助けた。

「母上、あなたの中に知らない女性を見つけています...」ジュリアは一瞬だけラウラに振り返り、その言葉に微笑んだ。彼女は鞍に革紐で綴られた籠を解き、それを広げ、その後、娘に近づいて座るように合図をした。

「ラウラ、ほとんどの人は自分の本当の姿を示す機会がなく、ほとんどの人は見かけにとどまるか、他人の話を鵜呑みにし、自分で考えることなく意見を形成することが多いものです...」

「お母さん、それは貴女自身の経験について言っているんですよね？」と若い女性は推測しました。「貴女の人生についてたくさんのバージョンを聞いたので、ある時点で、本当に貴女が誰なのかわからなくなりました。でも、昨夜と今朝、貴女がお兄さんの挑発に勇気を持って反論した時、私にはこれまで想像もしていなかった視野が広がりました。母上、急ぎで答えが必要な質問がたくさんあります！」

「実を言うと、私も自分を説明したいし、貴女に自分を知ってもらいたいと思っています。かつて、私は他の人が私について何を考えるかに非常に気を使っていました…それはほとんど執着になっていました…何度か、私は自分が世界を手中に収めたと思いましたが、周囲の人々は本当の愛ではなく、何かを得るためだけに私に注目していたのです。」
ジュリアは一瞬話を中断し、娘にパンの一切れとチーズの一切れを差し出し、考えを整理する必要があるかのようにしました。

「私の人生の道は、私がそれに気づく前に既に決まっていました。」

「まあ、お母さん、私もあまり選択肢はありませんでした…それは貴女と枢機卿のおかげです。」

「君は知らないし、想像することもできません…私は君と君の子供たちに快適さと特権を保証できる高位の夫を見つけました。しかし、君の祖母たちは私を君の父オルシーノと結婚させ、同時にボルジャ枢機卿の淫乱に売り飛ばすことを決めたのです…」

「本気ですか、お母さん？それは貴女ではなく彼らだったんで
すか？」
ジュリアは娘に視線を向け、食事をお布団に置いて、胸から
溢れる思い出の海に飛び込むのをやめました。

「娘よ、今日君に話すことは一つも嘘ではなく、永遠に隠さ
れてきた、そして今後もずっと隠され続ける不都合な真実の
一連なのです。」

ラウラも母に食事を置き、手を膝に合わせて、全ての注意を
母に注いだ。

「娘よ、父と亡くなったルドヴィーコ・オルシーニ・ミリオラティ伯
爵の約束を果たす時が来たと母から言われた日の感動は、
今でも鮮明に覚えています。母に対する絶対の信頼、従順
への教育、ファルネーゼ家への愛が、私にとっては自然な人
生の進化のように感じられました。結婚の約束が私の人生
を変える転機になると心の中で感じていましたが、その時はそ
のドラマチックな真実がどれほど深刻なものになるか全く理
解できませんでした。」
ジュリアは一瞬視線を下げたが、すぐに娘の視線に戻した。

「私と君の父との結婚契約は、1489年の5月、ローマのカ
ンチェッレリーア・ヴェッキア宮殿、貴女の祖母アドリアーナ・
デ・ミラの従兄であるロドリーゴ・ボルジア枢機卿の所有地で

署名されました。
その数日前、母と私の兄アンジェロと少数の軍勢と共にローマに向かいました。
アドリアーナは 2 日間にわたる華やかな祝宴を企画しました。その日々で私が初めて出会った人々が、私の人生を長い年月にわたって共に歩むことになるとは全く知る由もありませんでした。その時はただ、その華やかさと富に驚嘆するばかりでした。」
ジュリアは母性を思い出し微笑んだ。

「初日の夜、私の忠実なメイド、アニェーゼとオノフリアは私の髪を金の紐と真珠で後ろで編み込み、母がそのために注文したドレスの襟ぐりは、霧のように軽い布で巧みに隠されていました。鏡の前でその布から首元の花開く私の胸元が見えてしまい、顔が赤らんだのを覚えています。」
ジュリアは無邪気さを思い出しながら微笑んだ。

「君の父、オルシーノは、星の間のホールに既にいました。長身で痩せており、黒髪とスペインの母から受け継いだ濃い肌をしていました。片目を黒い包帯で覆っており、私たちの視線が交差した時、彼のぎこちない動きが彼の内気さを表していました。彼は微笑んでくれました。私も笑顔で応えましたが、その後、落ち着きを取り戻そうとして視線を下げました。その時、一瞬視線を外れた瞬間、背の高い堂々とした風貌で自信に満ちた様子の男性に目が留まりました。

時を同じくして、叔父アレッサンドロが私に近づき、ロドリーゴ・ボルジア枢機卿だと耳元で囁きました。枢機卿は私を見つめ、微笑みを浮かべ、私が学んできた礼儀に従い、スカートを両手で軽く持ち上げて彼にお辞儀をしました。
振り返ると、祖母アドリアーナの笑顔と出来事の意味を理解できなかった、という瞬間がありました。」

「お母さん、言っていることが正しければ、私の二人の祖母は貴女をロドリーゴ・ボルジア枢機卿の手に引き渡すための陰謀を巡らせたのですか？」

「はい、娘よ... そうなのですが、その時は自分が何をされているのか理解できず、盲目的に母と叔父アレッサンドロを信じていました。」

「お詫びします、お母さん、失礼な質問ですが、それにお兄さんがどのように関わっていたのですか？」
ジュリアは娘に近づき、手を娘の手に置いた。彼女に自分自身を話す欲求が今、押し寄せてくるほど強烈であり、深呼吸をする必要があったほどです。彼女に自分の物語を話したいという気持ちが非常に強く、落ち着きを取り戻すために深呼吸をしました。

「私を話させてください、ラウラ。そして全てが明確になるでしょう。

その時まで、時間は私の人生にはあまり関係ありませんでした。結婚契約を結んだ後、私たちはそれぞれの家に戻りました。

婚礼を待つ日々は、祈り、刺繍、そしておしゃべりの中で過ごされました。私は再びあの私を魅了した人生に浸りたくて焦がれていました。輝き、外見の華やぎの中に。
その数か月の間、私の母は私の将来の姑であるアドリアーナと手紙の交換が盛んでした。彼女はその返信を忠実なフルゲンツィオに託し、彼はローマに住むミラのデ・ミラに手渡していました。彼女は情報を芸術的な言葉で私に少しずつ与えて、私をますます魅了させるために神秘のヴェールを掛けていました。彼女は夢見るような眼差しで語り、私の花婿がバッサネッロ城で何かしらの仕事をしていると言いました。そこが私たちの本当の結婚式が1490年5月9日に行われる場所になるとされていました。

私は空想に耽っていました。彼女を夢中に見て、彼女の言葉に耳を傾けていました。彼女はそれをよく理解しており、巧みに休憩や愛撫、情報を組み合わせていました。
祖母ジョヴァンネッラの話の中で、いつもロドリーゴが浮かび上がっていました。彼は彼女が詳細に説明し、アドリアーナと甥のオルシーノを手助けし、バッサネッロ城の準備を手伝うなどの善行を続けていると述べていました。ある日、母が退屈そうに私にロドリーゴのことを考えたことがないか尋ねました。
私は赤面しながら、おそらく私にとっては将来の夫のことだけを考えた方が良いかもしれないと答えました。

彼女がした答えを今でも覚えています。「娘よ、あなたは自分の考えや心の中に二人以上を受け入れるほどの広い場所を持っていることに気づくでしょう！」

ラウラは目を見開いて息をのみ、ジュリアの目に涙が宿りました。

「母さん、あなたは私をからかったことはないでしょう…しかし、私はいつもあなたを非難していました…もしそのことを知っていたら、きっと私は…」

ジュリアは娘の言葉を聞いて微笑みました。

「愛しの子よ、自分を責めなくていいのです。それぞれの人生には運命があります。それが私の運命でした。」

「もっと話してください、母さん。あなたの結婚式のことを教えてください。」

「11か月後、私は2度目のロッカと湖を後にしました。その時が最後になることを知らずに。ローマに戻ることにワクワクしていました。その時は若く、外見を評価することに慣れていなかったからです。

自慢の赤い布で覆われたチェストとトランクを何度も誇らしげに確認しました。その中には、ヴィテルボのサン・ベルナルディーノ修道院の姉妹たちが刺繍した私の婚礼のリネンやその他のアイテムが収められていました。

私はバラの花とアカンサスの刺繍が施されたその真っ白なシーツをなぜか触ると、その中心にオルシーニ家とファルネーゼ家の紋章がギリギリまで繊細に刺繍されていました。」

ジュリアは話しながら、指先で布を撫でるような仕草をしました。
「その時、人々の舌が少しずつ進行して、そのトランクには黒いシーツが保管されていて、それがひそかに教皇と交わしたと噂されていました。」
ラウラは赤面し、目を下げました。
「母さん、それを何度も聞いたことがあります...」
ジュリアは娘のコメントを聞いていないようで、記憶にひたっているようでした。

「私の若い心には相反する感情がありました。一方で、私の将来の夫に顔を合わせることに興奮していましたが、その一方で、彼の容姿と非常に控えめな性格による失望は、傷口に塩を塗るようなものでした。
すべての若い女性と同じように、私は人生の探求を導く男性を夢見ていました。人生の喜びと愛の扉を開いてくれるような人を。しかし、彼は私が導きを必要としているような感じさえしました。彼の優れた背丈も、彼の丸めた肩と地を這うような視線によって小さく見えました。彼の全てが、脆弱な不安定さを漏らしていました。
挨拶を交わした後、結婚式が行われる日がやってきました。

私は非常に興奮していました。なぜなら、私は貴族や有名人たちからなる宮廷の注目の的になることになっていたからです。その朝、アニェーゼとオノーフリアは私を準備する際に感動的な気配りを見せてくれました。

真っ白なドレスの背後には、太陽の光を受けて何千もの星のように輝く宝石の驚くべき量がありました。私の衣装はいつも美しかったのですが、それは今まで持っていたどの衣類よりも素晴らしかったです。

私はその貴重な刺繍に驚嘆しながら何度も手を通しました。その美しさを見上げてしまうほどで、オノーフリアは何度か私の顎を持ち上げる必要がありました。

私を着飾って髪を結っている最中、オノーフリアが私に何かを言いました。それは私の人生で何度も思い返したことがある言葉でした...「*イウリア、私はこの瞬間を何度も夢見ました。そして今、あなたの目に見るその喜びを見ることができてうれしいです。それをいつも大事にして、魂の地下室に保存し、誰もたどり着かない隅にしまってください。人生は暗闇の道であり、幸運な時には喜びのきらめきが道を照らしてくれます...*」

二人はしばし互いの目を見つめ合い、その瞬間は無限のように感じられましたが、そしてそれから言葉にならないすべての言葉を含む抱擁になりました。その一瞬の間、彼らの心臓は共鳴し、母と娘の間の愛の秘密を聖なる静寂の中で物語るようなシンフォニーが演奏されました。

「続けてください、お母さん。お願いします...」

ジュリアは娘に甘い微笑みを向け、そして再び記憶の中に没頭し始めました。それはもう痛みを感じないように思える記憶でした。

「行列の先頭にいて、私の白いドレスの生地のように真っ白な馬に乗り、そこにはカンチェッレリーア・ヴェッキア宮殿の扉へと続く階段の足元に、私は到着しました。待っていたのはロドリーゴでした。彼は私の婚約者の手を引いており、すぐ後ろにはルクレツィアと彼女の兄弟であるフアンとホフレ、すなわちロドリーゴの子供たちがいました。
祖母アドリアーナは、美しい栗毛馬に乗り、私の後ろをついてきました。彼女の後には招待された親戚や高官の大部分が続き、私の母もロドリーゴから少し離れたところに立っていました。そして私の兄アンジェロはロドリーゴのそばに立ち、腰からぶら下がる剣の柄を握っていました。
私の乗馬が銀舗装の舗装道路の上で立てる音は、周囲の歓声が途切れた時に小広場に響き渡りました。すると、誰かが群衆の中から声を上げ、「イウリア・ファルネージャ万歳、ジュリア・ラ・ベッラ」と叫び、それに続いて自然な拍手が沸き起こりました。私は誇りに思って、真っ直ぐ前を見つめました。けれど、その賛辞が私にとって後に十字架となることを知る由もありませんでした。」

「美しさは祝福だと思っていました、お母さん。それは扉や状況を開くための手助けだと...しかし、そうではないと教えてもらっています！」

「兄アンジェロは群衆から離れて小広場まで降り、私に近づきました。微笑んで、私を馬から降ろす手伝いをしてくれました。私を気絶したかのように優雅に下ろし、私を囲むスカートの渦の中に降り立たせてくれました。そして彼は左腕を差し出し、私たちは進み出しました。それは私の未来の始まりでした。
私はロドリーゴの前に立ちました。そして、兄愛する兄の手を離れると、ロドリーゴの枢機卿の指輪にキスするために身をかがめました。彼は私の手を掴んで、私を立ち上げました。その接触は短かったけれど、私はいつまでも覚えています。すべての物語の始まりは私たちの記憶に小さな場所を掘ります。そして、すべてが始まった場所です。私はそれを確信しています。ロドリーゴは私の手を父とあなたの父の手とつなげました。彼は高級なビロードで身を包んでいました。彼の握手は軽く、手のひらは感情に湿っていました。彼は腰に細い小剣をぶら下げており、短いマントは腰の少し下までしか下がっておらず、細長い脚と首を露出していました。」
「父とはどうでしたか？」

「オルシーノ...宴会が盛大に行われている間に、ルクレツィアがオルフェオの偉業について詩を朗読している間に、彼は私

に顔を近づけて囁きました。『あなたは美しい、イウリア。私は
あなたを得るために幸運だったのだ』と。ワインが豊富に流れ
ていたことがその大胆な自信を助けたのかしら！」
ジュリアはオルシーノ、自分の不運な最初の夫を思い出して
微笑みました。そして、ラウラは母の考えをほとんど感じ取って
いるようなやさしい目で母を見つめました。

「そして、お母さんはそのお言葉にどう返したのですか？」

「私は彼の黒い肌の顔を見つめ、そして初めて彼の左目を
覆っている黒い眼帯と向き合いました。たったひとときためら
いがありましたが、その後は彼の一番良い目に視線を向けま
した。彼は私の視線をほんのひととき我慢しましたが、それか
ら視線を落としました。
しかし、その魔法は急に中断されました。アドリアーナは鋭い
鼻と厳しい表情を持ちながら、私とオルシーノの手を冷たい
手で包みました。そして高貴な来賓たちが私たちの結婚を祝
福しに来たのに、私たちの身分では公の場でこのような親密
さを許さない、と乾いた声で言いました。その言葉を最後に、
彼女は私の手を引き続けながら、ロドリーゴのもとに私を連
れて行ったのです。

「ラウラ、その仕草には私の今後の運命が込められていた。そ
の瞬間、私は女性になったと感じたけれど、私がオルシーニ
家の権力と財産にアクセスするための母の計画の一部に

なっているとは完全に理解していなかった。
私にとってもっとわかりにくかったのは、すぐに危険なゲームに巻き込まれることでした。当時、私に伝えられたのは、私が兄の教皇座への昇進を促すための取るに足らない犠牲の一部を果たすだけだということだけでした。」

「ラウラは驚きの表情を浮かべ、ジュリアは言葉を止めて、息を整えるようにし、二人の間に静けさを広げた。
"ロドリーゴは私を子供として捉え、女性に変えた。私が今のような人物になるには、彼に多くのことを負っています。結婚後まもなく、私とオルシーノはルクレツィアと共にモンテ・ジョルダーノ宮殿に住むべきだと説得されました。彼は、私を独占したかったのです。しばらくの間、私の虚栄心は教皇アレクサンデル6世による注意を受けたことに満足し、名誉を感じさせました。当時、*Sponsa Christi*（キリストの妻）と呼ばれることが将来的に良いことではないことが理解できませんでしたが、ロドリーゴは巧みに私の意志を操作していました。」
彼は私とより強く結びつくために、教皇である彼が彼に謁見する前に私を通すことを決定しました。彼は私の意志を彼の利益に向ける方法をよく知っており、私がする質問や、父が私にする質問をかわす方法を知っていました。父とわずかな時間しか会えなかった時もです。ロドリーゴの狂気じみた嫉妬は、彼と私の関係を見張る怒り狂った番犬のようでした。そしてある時点から、その病的な感情が私たちを結びつける唯一のものになりました。私は、私が兄であるアレッサンドロの教皇座昇格のために築いた虚像の城が私のせいで崩れるのではないかと恐れました。彼はわずか 25 歳でボルジア家から枢機卿に指名されましたが、私のせいでそれが崩れることを恐れました。そして、私が父に与えた傷害を十分に認識している中で、私はローマに留まることを受け入れました…私があなたを身ごもった時、私は、ロドリーゴがあなたを身ごもらせたと責められました。神の祝福としての私の妊娠さえも私は罪として生きました。最後に、アドリアーナは私を取り入れるために、妊娠の最後の日々に、あなたをアレッサンドロやアレッサンドラと呼ぶように提案しました。それはロドリーゴが教皇になったときに取った名前でした。

「ラウラ、自分の家族に対する義務だけで判断されることはひどいことなのよ。私は若かったし、ロドリーゴは全てを非現実的に、素晴らしく感じさせてくれた。ローマを去り、あなたの父と一緒に家族を再び結集することが、私とあなたにとって良いことだと彼に理解してもらおうとすると、彼は激怒し、私を不忠者であると非難し、呪いをかけるとまで脅したの。」

女性の声はロドリーゴの癇癪を思い出して震えていたが、その女性の視線は決然として誇らしかった。「その後、彼の注意はフランスとナポリ王国への脅威に向けられました。そこで私は馬車に乗って、あなたと共に永遠にローマとその毒から離れることを決めたの。」
ジュリアは目を閉じ、顎で胸元を軽く触れるようにして力を取り戻そうとした。
二人の女性の間には静まり返った空気が広がり、長い瞬間が伸びていくように感じられた。

「母さん...」

「バッサネッロに戻り、あなたの父は何もなかったかのように私を迎え入れました。非難せず、私が彼のために戦っていないことを聞かされるのを恐れたかのように...それは、神の 1497 年の 6 月のことでした。私たちは私の兄であるアレッサンドロの宮殿、パラッツォ・ファルネーゼに招かれていました。そしてあなたの父は 4 人の証人の前で私にフェウドとカルボニャーノ城を与えたの、私にだけ...女性に！あなたの祖母アドリアーナは彼を説得しようとあらゆる手段を使いましたが、彼は固執し、進行しました。女性が何かを所有するのは信じられないことですよね。そのため、公証人のケルビーノ・ゲジは彼にその寄贈の内容を聖なるサン・ジェローモ教会のキリスト像と祭壇に誓わせました。彼は一切逆らわないことを誓ったの。」

「母さん、あなたがいる場所には特別なことがあるように思います。私の父についてはあまり記憶がありません。彼は自分の寝室の天井に押しつぶされて亡くなりました。それが今私が住んでいるバッサネッロ城です。しかし、あなたの言葉から、彼は心優しい人だったが、長い間母親の圧力に苦しんでいたのかと想像できます。」

「その通りよ、ラウラ。彼の死後、私はあなただけに焦点を合わせ、あなたを抱きしめた瞬間から感じている愛に集中しました。私は私の叔父アレッサンドロがファルネーゼ家のレーテラ支流のフェデリーコ・ファルネーゼと交わした結婚契約を解除し、自分がロドリーゴのそばで過ごした日々で積み重ねたすべての知識を使って、あなたにふさわしい夫と子孫を手に入れました。幸せでいてくれるといいのですが、幸福はしばしば幻想に過ぎないことを私も知っています…」

母親のジュリアは息子のラウラを抱きしめた。ジュリアが良い香りを発しているのをラウラは感じた。彼女の目を閉じ、その香りを深く吸い込むと、ラウラは幼い頃に戻ったかのように感じた。彼女はカーテンの後ろに隠れ、母親の噂話を聞いていた頃のことを思い出した。しかし、今は違う。彼女は理解していた。年を経て語り継がれた物語を聞く中で、ついに母親の生涯を解き明かせた。それは圧倒的な感覚だった。知ることは、時に助けにはならない。しかし、今回の場合、ラウラには母親の複雑な人生に新たな視点が与えられ、そうでなければ永遠に解けなかった問題が解かれた。

ジュリアはその抱擁から先に離れ、会話の中でまだ残っている言葉の空気を軽くするために、ラウラの頬を軽くつねった。「では、ラウラ、次回からもっと楽になるよう、素敵なズボンも用意しておくね！」

＊＊＊

午後、ラウラと彼女の家族はカルボニャーノの要塞を出発しました。母と娘の間には大きな抱擁が交わされました。一緒に過ごした時間の中で、二人が互いの魂を結ぶ絆を築いたことを想像する人はいなかっただろう。
キャンドルの光の中、ジュリアは髪を三つ編みにまとめ、紙とペンを手に新たな手紙をルクレツィアに書きました。

カルボニャーノ、1518 年6 月

愛するルクレツィアへ、

数日間、恐ろしくも興奮する日々を過ごした後、私は書きます。久しぶりに私の兄アレッサンドロに会いました。残念ながら彼は私に対してより厳しく、憎悪を持つようになったと言わざるを得ません。今回は我慢できず、彼の非難に対して返答しました。その時は他の人もいたのですが... 後悔していますが、信じてください、止められなかったのです。彼は私に毒を吐くことを惜しまず、むしろ私を侮辱することに満足しているようです。
私たちの出会いのきっかけは、私の姪イザベラとラテーラとファルネーゼ家のガレアッツォとの結婚式でした。

私はイザベラを幼い頃から育ててきました。彼女の母親は2番目の夫の息子に殺されたのです...悲しい出来事で、おそらくあなたも詳しくご存知でしょう。

私はカルボニャーノの私の城で結婚式を開催しました。アレッサンドロはまだ聖職に就いていませんが、彼が式を執り行うために首都から連れてきた恐れ多い神父と共に来ました。しかし、苦い経験もありました。私の娘のラウラと彼女の家族が婚礼に参加しました。そして、私はアレッサンドロに襲われた後、彼女が私に近づいて私と話す機会をくれました... 彼女に私のことを少し話せたことがとても嬉しかったです。私の意見を伝えられることが、誹謗中傷に晒された彼女にとって、とても幸せなことでした。

話しながら、若かった頃、待ち続ける日々がどれだけ長く感じたかを思い出しました... 今、カルボニャーノでは、時が砂時計の首からこぼれ落ちるように速く過ぎていくように感じます。私は土地と城の管理に常に忙しくしています。私に言及され、この地の主人としての注意が求められます。これはとても満足することですが、じっくりと自分を見つめ、予想だにしないことを見る余裕はありません。

今回の手紙はここまでにします。私はまた仕事に戻ります。あなたが健康であり、私に返信の手紙を早く送ってくれることを願っています。

イウリア・ファルネシア

意外なことに、エステ家のフェラーラの宮廷では、ルクレツィアにとって、祝祭の陽気な雰囲気がもはや歓迎されなくなっているようでした。その午後、彼女は自分の部屋のほとんど修道院のような静けさの中で、甥のカミッラにネコのように足元に寄り添いながら髪を撫でていました。カミッラは信仰の道に進む途中であり、ルクレツィアに、彼女にとって愛とはどのようなものだったかを尋ねました。彼女自身がそれを知らないためです。

「私の場合、その時にはどんなものだったかを話すことができます。同じ年頃の少女たちと同じく、私も私の想像が作り上げたその王子に恋をしました。その王子は、不運な英雄の魅力で包まれた人でした。それに加えて、彼は美しい男で、母から受け継いだ魅力的な顔立ちと長い明るい目をしていました。私は常に男性の視線に敏感でした。私にとって、それは最も魅力的な鏡のようでした。今でも、私の夫であるアルフォンソが、涙を浮かべながら私を見ると、彼が愛そうとした、けれども愛せなかったあの遠い花嫁の姿が私の心に浮かびます…」ルクレツィアは静かに泣き始めました。特定の理由はなかったが、長い間、その理由のために彼女の胸を重くさせていました。
彼女は自分の内側を覗くことができず、自分の中に一瞬以上留まることができず、日没の中で城の足元の谷を金と紫に覆う最も繊細な時を味わうように静かに座りました。
その時、彼女の魂の忘却の領域に追いやられた彼女の思い出に、父であるロドリゴが狩りから帰ってくるか、使用人たちを訪ねて来たときのことが思い浮かびました。
ノルチアのサンタ・スコラスティカ修道院にいた時のことです。
ボルジア枢機卿は砂利の通路を友人たちと散歩し、女性たちが滞在していた階の窓は使用人たちによって数百本のろうそくで照らされ、その繊細な香りが修道院の花々の香りと混ざり合って、夕方のそよ風の中に漂っていました。
ルクレツィアは、その空気が彼女を酔わせるほどに彼女を魅了していたことを思い出しました。彼女の青年期の幻想が終わるたびに、笑い声や声の騒音に驚かされるほどでした。
そして、ジュリアの顔が突然思い出され、その夜、彼女は父であるロドリゴの腕にふらりと寄りかかっているように見えました。その姿は、父が彼女を男性らしく支えているような印象を与えました。彼女は白いシルクのシンプルなドレスを着ていたことを覚えています。その柔らかい切りっぱなしのデザインは、彼女の小柄な体型を際立たせ、肌の色を引き立てました。それは一瞬のことでした。その後、記憶や顔、そして感情が忘却の彼方に消えてしまいました。

「イウリア...」

ルクレツィアは一瞬、その間に振り返って彼女に何か伝えるように黙っている甥の目を見つめていたので、彼女はそのままその手を彼女の後頭部に向けていた手を止めてしまいました。

「どうしたのですか、おばさん？イウリアとは誰ですか？」

「コロンベッラ、今はおばさんは疲れて頭が痛いのよ。彼女のことはまた別の日に話すわ。さあ、一人にしておいて、私は休みたいの。」
そう言って、ルクレツィアは午後の大部分を座って過ごした椅子から立ち上がり、もはや甥に一目を向けることなく、ゆっくりと地平線から日が沈んでいく様子に集中しました。

侮辱と冒涜は血で償われる

豚と馬の飼育は繁盛した事業となっていた。毎日何百もの注文が届き、ジュリアとカルボニャーノの住民たちは、その労働的でありながらも収益性の高い活動の繁栄を喜んでいた。

女性も男性も日の出から日没まで働き、彼らの小さなコミュニティの運命を盛り返してくれた主のおかげで感謝していた。

数年前、ジュリアはいくつかの放棄された果樹園を回復したいと思っていた。彼女は畑を歩いていて、茂った葉の間に漂っている紫色のプラムを見つけた。

カルボニャーノの領地のブドウ栽培者であるジョヴァンニは、その後、彼女の城に呼ばれ、その土地を浄化し、植物を適切に剪定する可能性について尋ねられた。

「ドンナ・イウリア、全て可能です。自然は寛容です。あなたが命じること、私たちは祈りと呪いの力で成し遂げます！」

その日から2年後、最初の豊作のプラムが収穫された。

それは1518年の夏であり、ペトロベッリは首都での旅行中、彼のコンタクトに豊富なプラムを商売する機会について話し、関心の表明は待たれなかった。

ロマニャーノ出身のピッツィカルオーロ、サン・ロレンツォ広場のロレンツォ・ジャコミーニは、彼の使用人が直接手渡しでジュリアに手紙を届け、たくさんのプラムを購入したいと依頼した。彼はカルボニャーノの領地でフルーツを試食し、その後、売買を終えることを望んでいた。ジュリアの秘書はジャコミーニに返事し、商人の使用人に正式な招待状を手渡した。

台所から首都のピッツィカルオーロの手紙の内容を聞いたベルナは、自問自答しながら、なぜこのように長い旅をしてまでこれらのプラムが特別だと思われるのかを考えていた。彼女は口を挟まないように努力していたが、最終的には、彼女の主人たちの理由、動機、戦略、そして結果について論理的な説明を見つけ出すことができなかった。

「お前、今日はまるで豆の瓶よりもたくさんぶつぶつ言っているね...どうしたの？」
オノフリアが近くを通り過ぎ、彼女が豆を戸外で干す前の鉢をちらりと見た。

「お前、何を悩んでるのかい、オノフリア...ここまでローマからカルボニャーノまでプラムを買いに来るんだ、そんな長い旅の意味って何かしら...首都の周辺でプラムが育ってないの？」
オノフリアは答えることはなく、ベルナはその後、年上の姉であるアニェーゼに視線を向けた。

「分からないわよ、ベルナ。私はそんなこと考えないわ。ただ、私の主のための取引が上手く行っているのは嬉しいわ、領地全体が利益を受けることができるからね。でも、ドンナ・イウリアが聖母の受胎の教会の建設にお金を使っていることを知っている？首都のピッツィカルオーロが私の主の美しさを見にここまで来て、プラムを買ってくれるなら、私はそれを全部売りたいわ！」

「お前は私よりも賢いみたいね？」
オオアニェーゼは大きな熊のような体格で、彼女は背中を向けて腹を揺らしながら笑い出した。

「まあ、私が賢いって言われたのはどういうことなのかしら...こんな褒め言葉をもらうために何かしたのかしら？」

「その男は私たちの聖母の美しさを見に首都から来ていると言ったわよ、プラムを口実にして！」

「そんなことは言ってないわ！」

「じゃあ、私の耳が悪いってこと？」

「失礼な子供ね！」

小さな台所に立ち入りながら出入りするオノフリアが、二人の間に不快そうに割り込んだ。

長年、私たちのお嬢様はその美しさだけで評価され、実際に
彼女を「美女」と呼んでいた。彼女が部屋に入るたびに、全
員、本当に全員がその美しさに感嘆し黙ってしまった。今でも
そうなのは間違いない…しかし、それは彼女にとって祝福とは
ならず、むしろ、まだその痛みの深さを背負っているのです…」
いつも返答を見つける舌を持っていたベルナは、年上の女性
の言葉に黙ってしまった。彼女は続けました。「今ではイウリア
は領地の主であり、その美しい部分よりも、彼女の知性こそ
が大切な部分であることを示すことができました。」

「でも、私たちのお嬢様は美しいですよ…」ベルナはそれらの
言葉をつぶやいたかのように、声に出してしまったようだった。

「美しいよりも賢い方がいい。男たちはあなたに後を追いかけ
てこないでしょうし、おそらくあなたを真剣に受け止めてくれる
かもしれないわよ！」とアニェーゼは言い、煤で真っ黒になった
フックにぶら下がっている広い銅の釜が徐々に沸騰している
火の元に向かって歩き始めました。
オノフリアとベルナは互いを見つめ合い、そして若い女性は締
めくくりました。「それなら、男たちはあなたを本当に真剣に受
け止めてくれることを確信できますね！」
小さな部屋に笑い声が響き渡りましたが、その後はそれぞれ
が再び自分の仕事に集中しました。

＊＊＊

144

夜明けの最初の光で、ジャコミーニ家の使用人が城に到着し、彼の主が数時間以内に到着することを知らせた。その日々の蒸し暑さは圧迫的であり、特定の時間からは、田舎はタバニや他の耐え難い昆虫で溢れていた。

ペトロベッリは、彼の主人にピッツィカルオロが到着することを知らせるために彼の主人のもとに行った時に、ジュリアは既に自分の部屋を出ていた。女主人は彼女の切り離せないブリーチを履き、数本のフォーチーナで髪を後ろでまとめ、馬小屋に姿を現した。カミッロがスペクトルを撫でた：この動物は大きくて荘厳な構造と力強い筋肉を持つ巨大な馬で、ジョヴァンニの所有する偉大な戦馬であった。これは女性にふさわしい馬ではなかったが、イウリアは譲らなかった：夫の死から以来、彼女は彼だけに乗りたいと思っていた。

馬小屋の主人と女主人の間には、もはやほとんど言葉は必要なかった：彼らは視線で理解し合い、その朝、彼女を門口で見ると、男は迅速に馬を用意した。カミッロはジュリアに馬に乗るのを手伝う習慣さえ失っていた：女主人は自分で速やかに乗る方法をすぐに学んでいた。彼女は左手で確実に掌に頼んで、左足をステップに入れ、サドルのツギワリに掴まり、愛馬のスペクトルに勢いよく跨った。これらの動作は女性の性格をよく表していた。

「カミッロ、ペトロベッリに戻るまで 2 時間後に戻るつもりだと伝えてください、わかりましたか？」

男はうなずいて、帽子に軽く触れた。

朝の乗馬は、まだ人が通り過ぎていない道路が好きであり、女主人の頭は考えで頻繁に混雑していた。

女性はスペクトルを膨らんだ腹部に膝で圧迫するだけで操縦する方法を素早く学んでいた。彼女は馬の口に入っていたビットを使用するのを嫌っていたため、手綱は遅いままにしておいたが、それでも左手でしっかりと保ち、サドルのツギワリに支えられていた。馬は軽いトロットで道に向かい、すぐに町を出る道に進んで、すぐに親しい緑に包まれました。

セミの鳴き声はまだ始まっておらず、スペクトルの蹄の音は土の地面から静かでした：ジュリアはその静寂を楽しみ、一瞬たりとも見逃しませんでした。

地平線が暗くなり始めていました：チミニ山は暗い雲を吐き出しており、それはすぐに夏の突然の雷雨を意味していました。

そして突然やってきました。

最初の雷鳴が響き渡り、次に大きな雨粒が降り注ぎ、葉っぱに弾んで、太陽で乾いた大地と接触して埃を巻き上げました。ジュリアは無防備な草原でその嵐に見舞われましたが、そして彼女はスペクトルを加速させるように迫られました：雨粒が彼女を叩さ、フォ チーナに逃げた髪と衣服はすでに完全にびしょ濡れでした。

彼らは果樹園がある野原の近くの納屋にギャロップで到着しました。そして、その瞬間に、女性はちょうどその日に首都から来る商人と出会うことになっていたことを思い出しました。女性はまだ馬の背中に乗ったまま、もう一つの稲妻に襲われま

した。それは完全にびしょ濡れの毛皮を持つ動物に鈍い吠え
るを引き起こしました。

ジュリアはスペクトルから一気に跳び降り、馬を手綱で先導
しました。場所は暗く、木材の間の隙間から光が差し込むだ
けでした。一方、天井からは豊富な雨水が流れ落ちていまし
た。

* * *

ロレンゾ・ジャコミーニはロマニャーノ出身の男で、自分の馬車
の中で快適に座っていた。彼は深夜に首都を出発し、その
間ずっと眠っていた。突然、御者の叫び声で目を覚まされ
た。「ご主人様、ご主人様！お知らせします、まもなくカルボ
ニャーノに到着します！」

ジャコミーニはその男を悪態をつきながら着席し、睡眠中に口
元にたらした細い唾液を拭いた。彼はこの終わりのない夏に
信じられないほどの暑さに苦しんでおり、日が昇ったばかりで
あっても、既に薄い汗で皮膚が覆われていた。

カルボニャーノの通りを馬車が通り過ぎると、多くの町人たちが
自分の活動から目をそらした。その異例の存在が突然の興奮
を引き起こした。車両は、城を囲む歩哨のウォークウェイを支える
かぶさる台のある城の前の小さな広場に到着しました。そこには
ペトロベッリがピッツィカルオロを待っていました。

「ミッセル・ジャコミーニ、私の主人兼女主人の敬意をお届け

147

します。カルボニャーノの領地へようこそ。」

男は馬車から顔をのぞかせ、ドアを少し開けると、城の周囲を囲む歩哨のウォークウェイを支えるベッケテッリに目をやりました。

「イウリア様はどこですか？」ジャコミーニはピッツィカルオロに尋ねました。

「女主人は自分の所有地を歩いていますが、間もなくここに戻るでしょう... といいですね。」男は言葉をつぶやくように最後の言葉を言いました。

「これらの所有地はどのくらい広いのですか？」男の言葉には皮肉な笑みが伴っており、彼はまだ馬車から降りようとしていませんでした。「では、道を歩いて会いましょう...」と言って、ローマの商人はドアを閉めました。
ペトロベッリはジュリアがそこで待つのを待つべきかもしれないと言い返したかった。しかし、黙っておいて賢明だと思い、自分の馬にすばやく乗り込みました。ジャコミーニとのプラムの取引のために準備した書類を馬のサドルのポケットに詰め込んだ。彼はジュリアが他の貴族とは違うことを嫌っていた。彼女は他の貴族とは異なる人間であり、特定の場合を除いて、社会的な違いを重く見ない人だった。
彼らはジュリアがスペクトルに乗ってちょうど通った道を歩いて

いました。ペトロベッリは馬に乗ってジャコミーニの馬車を導き、車輪が道路の不均一に当たるたびにゆらゆらとしていました。
彼らは空が急速に暗くなる中、ジュリアに出会わずに果樹園に到着しました。

「おそらく女主人は別の道を通ったので、出会えませんでしたね…」ペトロベッリは馬から降りて、馬車のドアに向かって話していましたが、商人はしっかりと閉めたままでした。

「それでも、女性は女性であり、封建領主は男性であるべきだと思いますが…」ジャコミーニはドアを全開にし、それが馬車の側面にぶつかりました。男は明らかにいらいらしていて、抑制なく息巻いていました。「私は一日中これらのことをしている暇がありません！」

商人は小さな小屋に駆け込み、馬車や御者を気にも留めず、待っていた御者を無視しました。御者は豪雨を無視して、彼の主人から命令を待つために堂々と座っているセルパに座っていました。商人が彼を一目見ずに別の避難場所を見つけたことを知り、迷っているように彼は再び木々の間に入り、葉っぱの間に避難しようとしました。

＊＊＊

149

稲妻が蛇のように二股に分かれて空を貫いた。スペクトルは
手綱を引っ張るようにして後ろ足で立ち上がろうとしたが、
ジュリアがそれを抑え、動物の首を撫でながら落ち着かせよう
とした。
彼女よりも先に小屋に入った男は、彼女が「美しい女性」と
呼ばれる存在であり、ただ完全にずぶ濡れで、顔に絡まるよ
うに髪が乱れているだけでなく、ズボンを穿いていたことに目を
見開いていた。
男は小屋の奥でじっとして静かにし、目の前に広がる光景を
眺めていた。この予期せぬ幸運に興奮が走り、彼の全身の
終端にすぐに到達した。ジュリアは背後で音を感じ、一気に
振り向いた。

「マドンナ・ジュリア、お目にかかれて光栄です... ローマ出身の
ピッツァカルーロ、ロレンツォ・ジャコミーニです...」

ジュリアは肩をすくめ、顔から髪を払いのけた。男の視線が彼
女の目から彼の白いシャツに移り、水に濡れたその中から2
つの乳首が突き出ているのが見え、そして彼女の馬に乗る
ためにいつも着用しているズボンで包まれた彼女の足に留まっ
た。

「ジャコミーニ氏、果樹園の小屋でひそむあなたに会えるとは
驚きです... 誰があなたをここに連れてきたのですか？」

ジュリアの視線は小屋の外に探るように、その間にペトロベリ、あるいは彼女の部下の誰かが到着したかを願っていた。彼女は奇妙な感覚が皮膚を這い、それが内なる不安を増長させていくのを感じていた。

ピッツァカルーロが彼女と小屋の扉の間に立ち塞がっているのを見て、ジュリアは再びその肩越しに視線を上げた。だれもいなかった、ただ降りしきる雨だけがあった。

「この女運は私のものです...」と男が言った。彼は手に持っているハンカチで顔を拭いながらジュリアに近づいてきた。

「あなたの秘書に案内されてここに来たのですが、その秘書は今、あなたを城に探しに戻りました... 今、あなたと私だけです...」その男の声も、その腹の突き出た歩き方も不快だった。

「ボルジア家に優れたサービスを提供していたと言われていますが... あなたの名声の一部を私と共有できるかしら？」ジュリアは拳を握りしめたが、退かなかった。

「あなたの足元の大地は私の支配する所領です。あなたに...」

「ティモテオへの第一の手紙にはこう書かれています：*彼女たちの罪深い性質と道徳の堕落のため、女性たちは信仰を宣*

言することも、*何かを教えることもできません。女は沈黙の中*
にとどまるべきであり、アダムが最初に造られ、その次にイヴが
造られたのです。だから聖書がそう言っているのなら、私が異
なる考えを持つことはできません。」

男はジュリアに襲いかかり、ジュリアは彼を遠ざけようとしたが、商人の方が早く、彼女の手首をつかんで背中を向け、片手で両腕を固定した。

男は手のひら以上の高さで彼女の上にそびえ立ち、彼女の際立った性器を腰に押しつけ、空いた手で雨に濡れた布の下にくっきりと見える乳首を揉みしだいた。熱に浮かされたように喘ぎながら、太った男は彼女の顔を自分の顔に向けようとした。

ドリーナは歯を食いしばり、心臓が飛び出しそうになったが、呻き声ひとつ出さなかった。馬は隅からその一部始終を見ていた。ジュリアはかろうじて馬のほうを見たが、馬は前脚の一本で小屋の地面を叩き始めた。

「Spectrum!-スペクトラム！」。

動物は頭を上げ、耳を後ろに倒し、口元を引き締めました。一瞬で後ろの強力な後ろ脚で立ち上がり、両足を上げ、激しく鳴きながら爪を立て始めました。

ジュリアの後ろの男は恐れて彼女を押し退け、後ろに下がり、不格好に地面に倒れました。馬の足が男性の近くで轟音を立てて着地しました。1本のひづめで男性の頬を傷つけ、もう1本で男性の腕を地面に押し付けて動けなくしました。

ジャコミニは屠殺される豚のように悲鳴を上げた。ジュリアは彼に近づき、自分を助けてくれた動物の首に手を当て、満足げにこう言った。

シャツをズボンの中に入れ、髪を三つ編みにした。彼は頰骨と腕から血を流しており、まだ何が起こったかにショックを受けていた。

ドミナの視線は、鼻をかすかに刺す臭いに引き寄せられ、ピッツィカルオーロのエレガントなズボンについた尿のシミに気づきました。皮肉な笑顔を隠さず、ジュリアはその臭いに立ち向かいながら彼に近づき、その小男の目に走る恐怖の一瞬を楽しんだ。

「もうすぐ私の秘書が戻ってきます...領主に対する暴力未遂で罰せられたくなければ、転んだことにして怪我を訴えるだけにしてください。契約書にサインし、私が 20 ドゥカート金貨に決めた額に異議を唱えず、金銭の一部を一ドゥカートの金貨で預け、8 日以内に残金を支払い、あなたの使用人を送って 20 フィートのスミモモを積み込む時に消えてください。はっきりしましたか？」支配者は歯を食いしばりながらささやいた。彼女が遠ざかろうとすると、男がつぶやくのが聞こえた。「...美しき女性が悪魔だと聞いていたが...信じられない...」

ジュリアはその悪臭のする体から離れ、彼の顔面に手の甲で強烈な一撃を与えました。

「理解しましたか？」
男は黙って頷き、目を見張るように頭を振りました。
一方、雨は止み、高い太陽の熱さが地面の水を蒸発させ、
ほとんど息苦しいほどの空気になりました。
ジュリアはスペクトラムに続かれて外に出ました。馬は彼女に
肩で軽く触れてみるように止まりました。その優しい触れ方が彼
女に微かな震えを与え、現実に戻しました。彼女は振り返り、
馬の額に自分の額を当て、その温かさと髪の柔らかさを味わい
ました。

「ありがとう、スペクトラム...ジョヴァンニがあなたの足元にい
た...ありがとう...」
一筋の涙が彼女の顔を伝いました。彼女は手の甲でそれを
すばやく拭いました。
遠くで、馬の蹄の音が響いてきました。ペトロベリが帰ってき
たのです。

＊＊＊

その日はついに終わった。かすかなろうそくの灯りでわずかに
照らされた薄明かりの中で、ジュリアは眠るのに苦労していま
した。石の床に裸足で立ち上がり、その接触が彼女に微か
な震えを与えました。
彼女は出来事を誰にも話していませんでした。彼女の過去

154

が彼女の人生に常に長い影のように落ちるのは本当に疲れ果てていました。彼女がロドリゴとの関係を持っていた時、若い彼女を揺るがせた魂の動きを知らない者が彼女を判断することを許していました。自分自身に対する恥辱と、家族との忠誠と愛の義務との間で苦しむ彼女の心情を誰も知らなかった。

窓を開け、夜の新鮮な空気を部屋に取り込み、寝室の天井を見上げました。他のキャンドルを灯し、部屋を明るくしました。目は、彼女が天井や円形に浮かぶようにしたいくつかの言葉を探しました。「**CITO PFICIET**-もうすぐ完成します **DATUR**-可能です，**AD SUUM**-彼自身のもの，**REDEBIT**-戻るでしょう，**IGNE PRO**-火の元で **EST AURIM**-それは金です，**IN IGNUM REQUIEVI**-火の上で休んだ」すべてがここにある。

彼女は微笑みました。表面を越えて冒険する人だけが、彼女が残したメッセージを理解できることを自覚していました。それは複雑なパズルの解法のようなものでした。

言葉や絵の中で、ライオコーンと乙女のサイクルを通じて、彼女は世界に自分が名誉ある女性であり、家族に従順であることを訴えたかったのです。美しい顔に無礼な涙が流れました。彼女の視線は、乙女を支配する立ち上がるライオコーンが描かれた場所に落ち、スペクトラムが彼女を守る姿を震えながら見ました。

その後、彼女はフェニックスを探しました。この動物は自分の灰から生まれ変わることができると言われており、ジュリアはその見事な生き物が自分の人生の道程を完璧に表していると信じていました。彼女は情熱の炎、母親や兄への過度な愛情によって燃やされましたが、それらの炎から再生し、より新しく強い女性として生まれ変わることに成功しました。彼女がどれだけ苦労して再生の道を歩んだかは彼女しか知りませんでしたが、その魂をほとんど失いかけても、彼女が誇りに思う女性になったことは間違いありません。

彼女は窓の板を閉め、踊る炎を力強く消し、涼しいリネンのシーツの安全な抱擁に戻り、ひと眠りしました。

1518 年 8 月、カルボニャーノ

大切なルクレツィアへ

これが私があなたに書く 5 通目の手紙ですが、まだあなたからの返事を受け取っていません。私は希望もなければ絶望もしていません。むしろ、過去を振り返り、過ごした人生を追体験することが、今は非常に楽しい時間となっています。私は自分の使用人たちを見て、私たちの生活条件の中でどちらがより困難なのかをよく考えます。毎日生計を立てるために戦うことと、噂に常に襲われること、どちらがつらいのでしょうか？

私たち二人は、本当の自分でいる機会をほとんど得たことはありませんでした。その代わり、いつも他人によって語られ、口から口へと広まってきた存在です。

彼は大量のプラムを買い付けに来たのだが、運良く道具が保管されているビコッカに二人きりになると、私の腕を掴み、汚い息で言葉にならない言葉を浴びせた。私は偶然にも彼の魔の手から逃れることができたが、今朝から、私について語られる誹謗中傷の影はいつまで続くのだろうと考えていた。

部屋に戻る前に洗面器の水で肌をこすったのだが、汗の臭いと男が吐き出した瘴気の臭いがまだ残っている。

その怨念が私を震え上がらせる。

あのホムンクルスは、都では私のサービスで酒を飲むのだと言っていた……。

妹よ、私があの部屋を出てから **20** 年近く経つが、その中傷は私の身から離れない。

初めての結婚式の日を覚えているだろうか。

夕方、何人かの男性が、疲れて少し脇に座っていた女性の膝にアーモンドの砂糖を投げ入れて楽しんだことを覚えているだろうか？

特に、紳士たちが自分の胸の谷間に入ったアーモンドを取りに行くという意思を表明したときは、笑いと叫び声の新たな場となった。このゲームはその場にいた全員の賛同を得、ロドリゴでさえ進んでそれに参加した。

その夜、私は胸に大やしをつけていなかったからだろう。乳房を露出するのが怖かったし、乳首を見せるためにローカットのコルセットを着て自慢するフィレンツェの流行を取り入れるのは難しかった。

実は、あなたのお父さんが、生地と熱い肌の間に入り込んだ2つのグッズを拾いに来てくれたのです。

私は、あのエピソードはつかの間の歓喜に過ぎなかったと思っていた。それからしばらくして、あなたが去った後、私が無気力に出席した宴席で、出席者の何人かが、私が恥ずかしげもなく、アーモンドの砂糖漬けを、手を使わずに、胸の上に乗せて出すというゲームを提案したと、さしたる配慮もなく話しているのを聞いた。私の口から、スポンサ・クリスティの特徴は何にも使うことができないと聞いたと言う者もいた。それで、あなたの兄弟フアンは、その恥知らずなやり方で最も多くのアーモンド砂糖を出すことができた者に銀のカップを賞品として出すことにした。

私はこの耳で、ふとした仕草で私の胸をコルセットから解き放ち、砂糖入りアーモンドをまぶしたページ役に、自惚れながら挑発的に差し出したことを聞いた。そしてその貴重な束を両手で掲げ、私はサンセヴェリーノ枢機卿に自分の姿を見せ、彼は18粒の砂糖入りアーモンドを手にした。

最初の夫であるジョヴァンニに近親相姦の疑いをかけられたとき、あなたはどうやって自分の魂を守ったのですか？

誰もがあなたを毒殺犯だと指弾したとき、あなたはどのようにして精神を保ったのですか？

このことを私に明かしてくれませんか？

私としては、新しくなった自分の存在に、義務や素朴な人々
との楽しい付き合い以外、何もする余地がない日もある。そ
して今日のように、暗雲が私の上に立ちこめ、私が三重の鍵
をかけて背景に隠しておこうとする闇を呼び起こす日もあ
る…。
私のこの手紙のトーンが、本当に恐ろしく暗いものであること
は自覚している。しかし、あなたとだけ、この存在の重荷を分
かち合うことができる。

今、私は安心し、友愛の挨拶ができる。

希望を持って、あなたの返事を待っています。

イウリア・ファルネシア

契約と取引

新しい年が数日前に到来し、**1519** 年の寒々しい季節に、ジュリアの心に混乱をもたらした新しい出来事が訪れた。それは、クリスマス前に、彼女が兄アレッサンドロの息子であるピエール・ルイージの結婚式に招待されたというものだ。

実際、ジュリアは、その兄弟の息子ピエール・ルイージ・ジュニオーレに親近感を抱いていなかった。正直に言えば、彼との接触はほとんどなかったが、彼の印象は毎回同じで、彼は周囲より優越感を持ちすぎていて、自分が他の人よりも優れていると確信しているように見えた。

その翌日、ジュリアは、家族の義務というよりもむしろそれが理由で、ピエール・ルイージがジェロラーマ・オルシーニとバレンターノのファルネーゼ城で結婚するために向かう途中だった。これは、ジュリアの兄アレッサンドロの息子と結婚することになったジェロラーマ・オルシーニの名前に興味深い関連性があるということが明らかにされた。

貴族の家庭では、しばしば親族の名前が繰り返されることがありましたが、ジュリアの姉であるジェロラーマの名前を持つ女の子がこの結婚式に参加することは興味深い偶然であり、家族の結びつきが強調されていました。

ジュリアの頭の中には多くの考えが渦巻いていたが、この結婚式に出席することについての彼女の気持ちを抑えることは難しいものがあった。長い間アレッサンドロと会っていなかったことが最も不安に感じさせることだった。教皇庁やその華やかさから離れた後、アレッサンドロは彼女と自分の姿を関連付けられることを嫌うかのように見え、彼の場合、それは自分の昇進が彼女と彼女がローマで要求し、得た好意によって完全に依存していたことが誰にでも明らかでなければならないという事実に対する不快感かもしれないと女性は感じていた。その痛み、そしてその多くの嘘。それから、彼女のことをカーディナル・デ・ラ・ゴネラやもっと悪い場合はカーディナル・フレグネーゼと呼ばれることを聞いたときの心の苦しみ。もし彼らの母親がまだ生きていたら、彼女は証拠を否定し、彼女が練り上げた計画を完遂するまで、そのゲームの駒をより積極的に推進していたことだろう。

ジュリアは布団の中に滑り込んだ。ジョヴァンニの腕が彼女を世界から遠ざけることができるような安全な場所。彼女は本当に一人であると感じることがある。

＊ ＊ ＊

霧が前日までを覆っていたが、今は冷たく鋭い風に代わっていた。バレンターノへの婚礼の出発の朝、薄い霜が暗い野原を彩っていた。オノフリアとベルナは主人が選んだ衣服で荷物

162

を準備し、馬車に積まれて待っていた。

ジュリアは暖炉の前に座り、ふわふわのベルベットで覆われた快適なアームチェアにしばらく留まった。彼女の思考は炎の輝きに消え、彼女が最初にカルボニャーノの城を訪れたオルシーノの死後の時間に戻った。

長い間放置された厳しい城を見て失望した彼女の心に、説明できないほど強力な魅力がほぼ直ちに忍び寄ってきた。彼女の目はその悲しい中世の砦で変容の可能性を見出し、それが彼女が住むドミナにとって完璧で快適な住まいになることを見抜いた。もちろん、彼女は最初からその建物が城塞のままで、しっかりと保護された様相を維持することを理解していたが、同時にそれを機能的に、そして特にその歴史を表現する方法を見つけることができると確信していた。

おそらく、その場所との結びつきは物質的な側面を超えていたのだろう。その城の改修は、ジュリアが自分の内面にも秩序を取り戻したかったためであり、彼女の命じた壁画を通じて、彼女自身の物語を語ることに成功したのだった。

この考えに没頭しながら、彼女は天井を見上げた。そこには彼女の家族と、ある意味で関連のあったすべての家族の紋章が再現されていた。金地に青のリリー6つはファルネーゼ家の紋章で、それはどこにでも見られ、広げた翼を持つ鷲は母親ジョヴァンネッラのカエターニ家の紋章で、いくつかの年前にジュリアの娘ラウラをカエターニ家と結婚させた、根を張った黄色のオークの木はデッラ・ローヴェーレ家の記号で、最初の夫オルシーノと彼女の愛した義理の姉レッラを思い起こさせる、白地に赤と白の対角線状の赤いバンドとバラと黒いウナギはオルシーニ家の記号で、彼女の最初の夫オルシーノと愛する義理の姉レッラ、そして彼女の孫が今日嫁ぐことになっているラウラの記念として。

「私のお嬢様」とオノフリアの声が彼女を驚かせ、一気に現実に引き戻した。その少女は立派な体格をしていたが、彼女の動きは聞こえず、彼女の足音は蛾の羽音のように静かだった。「馬車が準備できています。もう出発するのが良いと思います、オノフリアが道のりが長いと言っていますから...」

ジュリアは心からの温かみからなかなか離れられなかった暖炉から少し離れた。「ベルナ、上手に私のマントを手伝ってくれるかしら...」
少女はジュリアの部屋に飛び込み、濃い樫の葉の色の重いケープを彼女の肩に掛け、フードを頭にかぶせた。

「寒いですよ、お嬢様、お身体を温めてください！」
1階へと続く階段に向かうジュリアは、この若い女性の気遣いに微笑んだ。まるで自分の娘のよっなものだった。
彼女は玄関から出て、冷たい風が彼女の貴重な衣服の上に入り込むのを感じた。風に吹かれて身を縮め、風で乱れた黒い毛皮を引っ張りしまった。
彼女のサービスに一生を捧げた忠実なオノフリアは、馬車の近くに立って、手を重ね、冷たい気候を気にすることなく立っていた。

「オノフリア、こんな寒い日に馬車に乗ってもよかったのに、なんてことよ!」
オノフリアは主人に微笑みかけた。

「イウリア、私は主人の馬車に先に乗るようなことはできません。年を取ってはいますが、まだ礼儀を覚えていますから!」

ベルナは主人とオノフリアが馬車に乗るのを待ち、それから彼女も乗り込んだが、震えていた。

「くそったれ、こんな時期に結婚式を開くのが一番良いと思いますか?」
オノフリアはベルナに向かって、彼女の言葉を凍りつかせるような視線を送り、その後、諦めたように頭を振った。彼女には決して黙っていることの方が良いということを教えることはできなかった。

「マドンナ・イウリア、私がサロンであなたのそこにいたとき、あなたは自分で描いたような天井を見つめていましたが、何が気になりましたか?」

「恵まれた娘よ、そんな質問をするつもりですか?」オノフリアが声を荒げた。

ジュリアは座りながら、老女の手に触れ、すべてが大丈夫であることを示唆するように微笑みかけ、その後、身を正してベルナに話しかけた。

「今朝、私はオルシーニ家の紋章を見ていました。白地に赤と白の斜めの赤いバンドとバラと黒いウナギ。私の人生は何度もオルシーニ家と交わってきました。最初の夫オルシーノ、愛する義理の姉レッラ、娘ラウラ、そして今日甥が結婚する若者はみんなこの古い家族の一員です。しかし、今朝は特別な理由がありました。遠い 1488 年の春、私の兄アンジェロはピティリャーノ伯ニッコロの娘であるレッラ・オルシーニと結婚しました。そして今日、私の甥の結婚式が行われる場所で結婚式が行われました。」

「すごい話ですね、マドンナ!」

「くそったれ、ベルナ、お前、言葉を抑えることができないのか!」

「でも、私はただ...」

馬車の揺れに身を委ねているジュリアは、二人の女性の言葉をほとんど耳にしないかのように思われた。それはまるで彼女が思い出に浸っているかのようだった。

「兄、アンジェロに会うのは数ヶ月ぶりでした。その機会は、彼をギリシャ神話の神々のように美しく包み込んでくれました。彼は長男として軍のキャリアに進んでおり、レッラとの結婚は両家の合意によって成立しましたが、二人は運命によって結ばれた真実の愛、つまり運命に縛られる愛を見出す幸運に恵まれていました。
新郎新婦の家族は、この結婚が両家にもたらす利益に熱狂し、ピティリアーノとヴァレンターノの2つの邸宅を改装することを決定しました。今日訪れる予定のヴァレンターノの邸宅では、一部の部屋が撤去され、1階に美しいアーケードのある内庭、そして屋根で覆われた2階のロジアが作られました。この内庭は、その日以来「愛の庭」と呼ばれるようになりました。」ジュリアはため息をつき、美しい赤い唇から漏れる蒸気の雲を見た。

「オノフリア、アンジェロとレッラが結婚の際に結んだ婚姻契約を覚えているかい？結婚式の後、日々その話をしていたでしょう...」

年配の女性は微笑み、軽く頷いた。

「そんなこと、聞いたこともないわ...」とベルナは口にした。

「もしも貴女がわたしの話を邪魔しなければ、目的地に着く前に話を終えるかもしれませんよ！」とオノフリアは歯を食いしばりながら言った。その若い女性の見え透いた好奇心に我慢できなくなっていたのです。

「婚姻契約は、結婚契約外の夫婦の間で約束されることができるものです。それは結婚した両家の間の経済的な問題にかかわるものです。
アンジェロとレッラは、どちらか一方が他方を生き延びた場合、修道院生活を送ることになると厳かに誓いました。私は14歳で、自分の若さの中でまだロマンチックな夢の中に浮かんでいました。兄と彼の妻がお互いに抱く尊敬と愛情は、私の心に深く染み込んでいました。その結婚式は私が批評的かつ意識的に参加した最初のものでした。数年前に行われたジェロラマとプッチオ・プッチの結婚式についてはほとんど覚えておらず、確かに私には何の印象も残っていませんでした...」

車の中では静寂が広がり、ジュリアは思い出の中に閉じこもり、自分が抱いていた若い自分の夢を思い出しました。それは、彼女の家族が彼女に提示した邪悪な計画：オルシーノ・オルシーニと結婚し、同時に当時の枢機卿ボルジアの愛人になることでした。
オルシーノは片目の片頭痛で怯えたような馬鹿だったが、ロドリーゴは経験豊富でカリスマ性にあふれた猛牛でした。
おそらく、ジュリアが彼を守り、母親の彼に対する異常な影響から抜け出させることができれば、オルシーノとの関係は異なる方向に進んだでしょう。おそらく、彼らは異なる人生を楽しむことができたでしょうが、彼女の家族は彼女の注意を求め、ジュリアはまだ素直な魂であり、従順に育てられていたので、後ずさりしませんでした。

ロドリーゴは罰ではありませんでした。彼は彼女を肉の喜びに導き、金と宝石で彼女を飾り立て、彼女を真のパートナーとして重要視しました。ある時点で、全ての求婚者はボルジアの座に就く前に彼女のもとを通らなければならず、誰を受け入れ、誰を拒否するかは彼女が決めるのでした。

それらの記憶は、許可なく強く、黒いインクのように彼女の心と胸を埋め尽くしました。そして彼女を多くの人々が「美しい女性」と呼ぶようになった女性の中で、それは再び湧き上がりました。

＊＊＊

彼らが進んできた道は、再び愛された湖のほとりを通っていました。水面は風で波立ち、青い底が岸辺に向かって暗い灰色になっていました。ジュリアはその水面を見つめ、たくさんの美しさで目と魂を満たし、ヴァレンターノに進むことを望まずに心を焦がしました。しかし、彼女の人生でよくあるように、願望は義務に打ち勝つことはありませんでした。ヴァレンターノのロッカは、堂々としており、その下の平原を見下ろすように支配していました。馬車を引く馬の蹄が鳴る険しい坂道を登り、彼らはロッカの壮大な門の広場に到着しました。彼らを出迎えたのは、喜びの声と華やかに装飾された馬車や乗馬の喧騒でした。

誰かがジュリアの馬車が到着したことに気づき、他の馬車は彼女の乗る馬車が入口に到達するのを許すために急いで退きました。美しい女性は馬車から降り、礼儀正しく彼女の御者の手に寄りかかりました。御者は前乗り台を設置した後、彼女を降ろすのを手伝いました。喧騒は静まり、その女性はいつものように広場の注目を集めました。ジュリアは手袋をした手でフードをかぶりなおし、微笑みと挨拶を頷きながら与えました。風が彼女の髪型を乱し、幾つかの反抗的な房を顔に触れさせました。それらの頬は寒さでわずかに紅潮していました。ジュリアは美しかった。長年、オノフリアは主人の茶髪をレモンジュース、大黄、灰汁で扱っていました。忠実な使用人は昼の日差しに晒すために彼女の髪を頭の周りに巻き、底なしの麦わら帽子を被せました。

若かった頃のジュリアは、そんな時間を費やすことに不満を持ち、彼女の忠実な使用人オノフリアはいつも古いことわざを歌いながら落ち着かせました。「美しく見せたい者は苦労をしなければならない」。

オノフリアとベルナは馬車から降り、主人に従って壮大な門をくぐりました。

* * *

愛の中庭は花々で溢れかえっていました。イチイのつると光

沢のある暗いベリーが、回廊を支える柱に絡みついていて、
手すりからはさまざまな装飾が下がっていました。布のドレープ
には水仙やマンドラゴラの房が添えられ、それにはユーカリや
シネラリアのつるが交互に巻きつけられ、部屋には強く甘美
な香りが充満していました。

空気は冷たかった。

ジュリアは彼女の金で刺繍された赤いブロケードのドレスを、
同じ色のシンプルなマントとアーミンで覆うことを選んでいまし
た。
彼女は素晴らしかったし、いつものように、彼女の姿勢だけで
男女の賑やかなグループは黙って彼女の魅力的な雰囲気を
見とれることになりました。彼女は鹿のムスクとアンバーの魅
惑的な香りをまとっていました。髪にはクローブオイルとオレン
ジの皮のエキスがまぶされ、それらの秘密は年を重ねた彼女
がかつてダイアナ・コニャティから学んだものでした。
彼女の周りには強烈な香りが広がり、彼女の魅力をさらに
引き立てました。その場所からは優雅さが溢れ出ており、銀
の刺繍、変色するシルク、マントやケープに包まれた毛皮か
ら、招待された結婚式の隊列の参加者の品格がわかるほど
でした。オノフリアとベルナは愛の中庭を見下ろす回廊から顔
を出し、自分たちの主人を誇らしげに眺めていました。ベルナ
はジュリアの髪を柔らかい三つ編みにし、それを真珠と金の
糸で後頭部に留めて、彼女の髪をより一層輝かせました。

ジュリアは徐々に中庭へと下りていき、石の手すりに置かれた花の繋がりに手袋をした手で触れました。目を凝らしてアレッサンドロを探しましたが、彼は見つかりませんでした。彼女は心から、兄と二人きりで挨拶するために部屋に来ることを望んでいました... 二人で会う予定だったのは本当に長い時間でした。

しかし、時間が経ち、アレッサンドロは現れませんでした。彼女はとても悲しくなりました。

彼女は自分を取り巻くすべてを、自分には関係ないかのように観察しました。彼女はその人々が外見にこだわりすぎていることに対して、非常に深い無関心を感じていました。その思考から生じた苦悶はすぐに笑顔に変わり、彼女は一部の架空の人物や毒から離れる力を持っていたことに満足しました。

そして、彼女は彼を見ました。背が高く、彼女の記憶よりも痩せていた彼が、厳かな表情を浮かべてそこに立っていました。微かに被っている細い髭が顔を覆っていました。彼の赤い長い司祭のローブは、同じ重たい生地で覆われた整然としたボタンの列で床に達し、その上には袖や裾に驚くほど美しいレースが飾られた白いトニックがかぶせられていました。肩には短い赤いマントがかかっており、胸には高価な宝石で飾られた十字架が引っ掛かる重い金のチェーンが目立っていました。全てを完璧にしているのは、枢機卿のマレーズのない帽子と、上品に肩にかかった変色するシルクのローブでした。その両方が深紅の色でした。

枢機卿は妹の背後に背を向けていました。彼女の前に立っている女性に、彼は不快そうに結婚指輪を付けた手を差し出しました。彼は、年月が厳しいものであったとしても、彼女が依然として美しい女性であることに気づかざるを得ませんでした。

ジュリアはアレッサンドロの手を自分の手の間に受け入れ、軽くお辞儀をしながら、決して視線を下げず、彼の目と固く絡まったまま、彼の指輪を含む司教の指輪に唇を触れさせました。

「兄上…閣下…」ジュリアは困惑した表情を見せながら、指輪を含んだ手を滑らせ、一歩後ろに下がりました。この会合への恥ずかしさが明らかでした。両者とも、その気まずい沈黙を終わらせることを望んでいないようで、まるで物理的な存在のように立ち込めていました。ラッパの響きが二人の兄妹の間の緊張を終わらせました。新郎が中庭に向かう坂を降りて、父親に近づいていました。厳格な父親の横には、ジュリアが純粋な嫌悪感を抱く叔母が見えました。結婚行列は、聖ヨハネ使徒聖ヨハネ教会の階段に向かって整然と進んでいました。新郎は金の糸で胸に刺繍されたダークベルベットのコルセットを着用し、太い生地の半ズボンを履いていました。それには首元に短いマントが付いていました。風が冷たく広場を吹き荒れていました。枢機卿ファルネーゼのフェラーロが狂ったように舞い上がり、強い冷たい突風に持ち上げられ、その後広場の中心に着地しました。召使いが急いでそれを取りに行き、枢機卿に戻そうとしましたが、枢機卿は怒りのジェスチャーでそれを追い払いました。

幸い、花嫁とその付き添いの馬車は遅れませんでした。

ルドヴィーコ・オルシーニが行列を先導し、彼の腕には娘のジェロラマがいて、多くの有力者たちが続いていました。中でもルドヴィーコ・スフォルツァと彼の家族が目立っていました。ピティリャーノの司教であり、十年前に少年時代の彼らの両親によって将来の言葉で決められた結婚のための条件である結婚の誓いを待っていたラファエロ・ペトルッチ大司教は、新郎と新婦および出席者を待っていました。エチケットでは、新郎の身内としてジュリアは枢機卿の兄の隣に座るべきでしたが、彼女は代わりに船の後ろに座りました。彼女の前に座っている貴婦人のカップルは、会話に夢中になっていて、彼女の到着には気付きませんでした。彼女を中断した二人の貴婦人のささやく会話が、彼女の興味を引きつけました。

「私の愛しい、通常は手配された結婚ですが、ロマンスの面では別の様子です。私の夫は近隣の領主の家族からの招待を受け、ファルネーゼ領域のラモーネの森で数回の狩りに参加しました。そのうちの1回には、新郎と新婦も同行しました。その時、ピエール・ルイージはルドヴィーコ伯爵の美しくて優しい娘、ジェロラマを知り、彼女に恋をしました...」

「ああ、私はまた全く違う情報を持っています...あの子が両親から遠く離れて育ったことが多くを説明しているのかもしれません...そして、枢機卿ファルネーゼが彼の子供たちの母親の名前を公にしたことはないとしても、私たちは皆、それがジョヴァンニ・バッティスタ・クリスピのローマの商人である未亡

人シルヴィア・ルッフィーニであることを知っています...これらす
べてが、ピエール・ルイージが辛酸を舐めた幼少期を過ごし、
おそらく他の多くのことを説明しているのかもしれません...」
女性は恥ずかしさのために沈黙しました。祭壇で新郎と新婦
が誓いを交わしているのを見て、その瞬間の羞恥心は短かっ
たですが、直ちに彼女は再び喋り始めました。
「私は彼の失敗した軍事経歴についてのうわさも聞いています
。彼の枢機卿の父親のおかげで続けられていると言われて
いますが、それは大したことではありません...恥ずかしくて思い
ついただけですが、物事をそのままにすることはできません！ピ
エール・ルイージの無節操な性行為や...自然に反する傾向に
ついて、人々がキリストの十字架を誓って証言しています...ペ
ドフィリアであり、女性も一切嫌いではないと言われていま
す...」
もう一人の女性は友人の耳元で聞いていました。
「つまり...地獄にいる悪魔！」
「まあ、愛しい、枢機卿フレグネーゼが...」2人は手袋をして
笑いをこらえました。「彼の姉である売春婦の手柄によって
紫を身にまとうのですから...堕落した家族です！」
その時、ジュリアはその恥ずべきおしゃべりを聞くことができなく
なり、堂々と2回咳き込みをしました。その咳き込みによって
2人の女性が振り返りました。美しい人、つまりジュリアが認
識されると、2人の貴婦人の化粧を施された顔は真っ赤に
なりました。
ジュリアは断固とした仕草でいすに座っていた場所から立ち

上がりました。彼女は鋭い視線で2人の女性を突き刺し、唇に浮かぶ言葉を抑えました。それから、マントを掴み、布地がざらつく音を立てながら、そうした悪口を吐く人々の背中を向け、教会から速足で出て行きました。太陽は地平線に沈みかけており、夜が来る前に、美しい人は怒りを落ち着かせるために城の塔に登ることにしました。

重いスカートを持ち上げながら、孤立したその頂上に至る100以上の階段を上がりました。少し先には立派な湖が広がり、中央には影を落とす2つの島が、まるで無口な守護者のように光る水面にそそり立っていました。風は静まり、北風はほとんど夜には続かないが、それでも空気はキリッと冷たかった。

ジュリアは歳を重ねるごとに人々のおしゃべりがますます我慢できなくなっていることに気づいた。もしもまだローマのモンテ・ジョルダーノのオルシーニ宮殿でルクレツィアと一緒だったら、おそらくその悪口にあまり重きを置かなかったかもしれないが、今では人々の噂話や口伝に基づく無理解な解釈をもう我慢できなかった。

日中の光は消えかけており、残念ながら、彼女は人間の下劣な世界に戻る準備をしなければならなかった。

* * *

宗教的な儀式の後、貴族の家庭では慣例に従い、豪華な晩餐会が開かれました。料理は多く、とても華やかでしたが、食卓の真の主役は黄色いソースで焼かれた豚肉でした。

シナモン、クローブ、コショウ、サフランなどの強い香りが参列者を酔わせ、祝いの飾り付けが施された部屋に火の熱でまだシュンとしている肉を運んでくる召使いたちの行進が始まりました。

ジュリアは既にテーブルに並んでいた副菜を少し試食していました。彼女は緑色のフリッタータの小さな一片を試食し、小山のように盛りつけられたもので、フォークの歯でラードで煮た豆と一緒に遊んでいました。キャベツの匂いだけで胃が痛くなるのを避けるために目を逸らしました。

彼女の隣には、愛する姪のイザベラ・オルシーニが座っていました。ジュリアは 1 年も経たないうちに、ゲラルマの故人の娘をラテーラ家のガレアッツォ・ファルネーゼと結婚させた姪です。

「叔母さん、カルボニャーノではどうですか？私はあなたが本当に恋しいです、分かっていますか？」

ジュリアは姪の言葉を聞いて母親のような微笑みを浮かべました。「ガレアッツォが悪い夫ではないけれども...大好きな子、私は本当の幸せを知っていたつもりでしたが、実際には全てがとても単調です...本当の幸せを知っていたのですか？」

美しい人は姪の言葉を聞きながらため息をつきました。

「私の子、私が幸せだったかどうか？おそらく決して...私は満足、喜び、快楽、そして富を知っていましたが、幸せを知りませんでした。それをかすかに垣間見たかもしれませんが、幸福や喜びの本当の意味はわかりませんし、平和の味を知ることもできません。しかし、今は人生が重荷ではなくなりました。誰からも、どんな状況からも何も期待しないことを学んだからです。全てを所有していたことで、私は全てから離れられるようになりました...」

彼女は姪に答えるよりも自分自身に話しているようでした。例えば、その日は娘のラウラと2人の孫に会いたいと思っていたが、彼女は望まないように努めて失望しないようになっていました。つまり、自分自身で十分であることを学んでいたのです。

＊＊＊

その日は長く続き、状況が許す限り、ジュリアは自分に割り当てられた部屋に引っ込んだ。ベルナの助けを借りて、髪型から解放され始めた。1つひとつの三つ編みが解かれ、1つずつの髪留めが外されるたびに、ジュリアは肩にのしかかる重荷から解放されるようだった。
ドアがノックされ、ベルナは疑問そうな顔つきでジュリアに尋ねました。

「マドンナ・ジュリア、こんな時間に誰が来るのでしょうか？私

178

が見に行きましょうか？」

ジュリアはうなずき、ベルナがドアに近づき、掛け金を外してドアを少し開けると、言葉を発する前にドアが開き、カルディナル・ファルネーゼの堂々たる姿がすでに部屋の中に入ってきました。

「私とマドンナ・イウリアを 2 人きりにしていただきたいのですが。」男はベルナには見向きもせず、恐れおののく表情でマントを掴んで露の台に出ました。

「今日現れるとは期待していませんでしたが…」

ジュリアは化けているような言葉に注意深さを持ちながら、その挑発的な言葉に返答しようとしました。

「おかげで、私と再会できてとてもうれしいですが、お兄様。」

「ジュリア、ジュリア、あなたはもはや世界のてっぺんにいるのではなく、ブタや雌馬を飼う穴にいます！」

女性は拳を握りしめ、口に出そうとする言葉を押しとどめました。アレッサンドロの兄妹愛は悪意のあるものに変わっていました。彼女が教皇庁で果たした、彼女の家族のためにただ 1 人で行った非常に尊い役割は、今もなおバチカンで非常に活気に満ちていました。兄の考えには、ジュリアとボルジア教皇との関係を忘れさせ、それに伴い、彼を辱めるような暗黒の道筋が支配していました。
アレッサンドロはジュリアの姿を地面に引きずり出しました。「あなたは…あなたは…距離を置くべきです…あなたはこの大地に飲み込まれたことになっています！分かったか！？」と彼は高らかに叫びました。声が尖ったものになっていました。

アレッサンドロの指先はジュリアの肌に冷たかった。彼女をしばらく見つめた後、彼は彼女を自分から遠ざけ、地面に倒れさせました。
彼が現れたように、消えてしまった。
すべてを目撃して唖然としていたオノフリアは、使用人用の小部屋のドアを大きく開け、そのまま床に倒れた彼女のもとに急いで駆け寄りました。ジュリアの顔には怒りの涙が走っていましたが、固い顎の締め付けが、彼女がその場所以外のどこにも行くつもりがないことをオノフリアに理解させました。

彼女はもはや誰にもロドリゴのベッドを温めたことで指をさされることを許すことはありませんでした。

＊＊＊

その不快な出来事の後、ジュリアは翌朝早くにカポディモンテ城に出発することになった。いつものようにオノフリアは使い

180

を送り、その夜に城の使用人に主人が到着することを知らせた。
ヴァレンターノとカポディモンテの間の道は本当に短く、午前中の途中、ファルネーゼ家の青い百合で飾られた馬車が跳ね橋を越え、城の門を通り抜けた。
冷たく澄んだ空気が、ジュリアを親しい知人の抱擁のように迎えた。

「オノフリア、身を清めるのにちょうどいい時間だわ。それからビジェンティーナ島に行って私の愛するジョヴァンニを訪ねたいわ...」

年長の女性はうなずき、城を出て、主人を島まで渡す漁師を探しに出かけた。
ジュリアは船着場まで馬車に乗ることを拒否し、歩いて行くことにした。坂道を下りながら、女性は足下を注意深く見つめながら、何度も歩いた道を熟知していた。靴底を湖の水に浸すためだけに何度も通った場所だ。
その場所は魔法のようだった。木の柵で作られた階段は、湖の腕へと通じる急な土の斜面を断ち切っていた。
女性の心は激しく渦巻き、彼女の兄と最後の2回の出会いに戻っていた：アレッサンドロは本当に変わっていた。彼女が覚えている少年から大きく離れていた。
彼がなった男は彼女を恐れさせた。彼女の兄の氷のように冷たい指が彼女の喉を掴んでいた瞬間を思い出し、彼女の背筋を激しく震わせた。

彼女はそんなことに夢中になっていて、背後に迫るベルナの存在に気づかなかった。今回は、ベルナが彼女の腕にやさしく触れることに驚いた。

二人は言葉を交わすことなく、沈黙の中で多くを伝え合った。

水の音がその幻想的な瞬間を壊した：漁師のボートがちょうど船着場に到着したばかりだった。

ジュリアはいつものように船に乗ると、ベルナがふらふらしているのを感じた。ボートに座り、手に持っていたカバンを膝に置きながら、小さな舟をしっかりとつかんだ。

この朝、湖は雲の浮かぶ青い空を映し出す鏡のようだった。青い水面を割る小さな船首に立つジュリアは、陸地から離れることで得られる安心感を強く感じていた。長い杭が鐘とリボンを支える長い棒をしっかりと握りしめ、愛するビジェンティーナ島に向かって進んでいた。湖の表面を軽やかに進むボートの揺れる音だけが聞こえた。

すると、ジュリアは振り返り、船が残した波を見つめた。水面に広がる傷のように、太陽の光を反射して消えていく様子を目にしていた。

再び航行方向を見ると、すぐに着岸地点に着く寸前で、巨大なオークの木々がそびえ立っているのが見えた。その節々の暗くてひび割れた皮の下で、球状で不規則な木の冠が空に向かって手を伸ばしていた。

ギリシャ神話では、オークは雷とかみなりの神であるゼウスの
聖なる木だったが、ヨーロッパのケルト人からゲルマン人、スラ
ブ人まで、どの民族にとっても聖なる木だった。
彼女の子供時代に、ビジェンティーナ島での数多くの旅行の
1つで、オノフリアは聖母マリアが時折、強力なオークの枝の
間に現れると話していた…その思い出にジュリアは微笑ん
だ。
しかし、ジュリアにとって、それらの荘厳な木々は力と抵抗
力、英雄的な美徳、忠誠心、および歓待の象徴でした。彼
らがその場所に古代から耐えてきたことは、彼女を愛する島
に歓迎しているかのようでした。
彼女を連れてきた男は、水底に杭を打ち込んだ小さな木製
の桟橋に降り立ち、2人の女性を助けようとしていた。最初
にジュリアが陸地に触れ、つまずくベルナがそれに続いた。

「私のご主人様、ご命令通り、筆記用具を持ってきました
が…」

しかし、ジュリアはジョヴァンニの墓がある教会に続く白い砂
利の小道を選んでいた。

* * *

太陽が空高くに差し掛かり、おそらく正午を指していた時、
ジュリアは荘厳な教会の門から出た。ベルナは丁重に外で

待っており、ジュリアが近づくにつれて、彼女の顔が穏やかに
なっていくのを喜びで感じた。

「ベルナ、筆記用具を持って来たと言っていたよね。それを全
部持ってきてくれる？」と女性は言った。彼女は湖岸のすぐ
近くの庭の端にある小さな丸いテーブルを指差しながら、「そ
れから台所に行って。修道士たちはあなたが一緒に食事す
るのを喜ぶでしょう。」

ジュリアが指し示したテーブルに向かって歩き出したベルナは、
持っていたカバンを開け、紙、ペン、インクを丁寧に並べ始め
た。結果に満足し、自作の机から数歩離れ、ジュリアが近づ
くのを待った。

「マドンナ…食事はされないのですか？」と尋ねた。

「いいえ、ベルナ…今晩、もっと食欲が湧くでしょう。」

ジュリアはため息をつき、座り、湖の岸を押し寄せる微かな
水の音に身を委ねた。それは、まるでふたりの恋人のような
こっそりとした愛の動きのように、島の岸をなでる水の音だっ
た。

愛しいルクレツィアへ、

今朝、私は昨日、弟ピエルルイジの婚礼が行われたヴァレンターノの要塞から逃げ出しました。早朝にカポディモンテに着き、直ぐにビジェンティーナ島へ渡り、愛するジョヴァンニに挨拶に行きました。私の心を少し落ち着かせるためでもあります。今は仮設のテーブルに手をかけてこの手紙を書いています。岩の粗い表面のせいで、私の字が不安定になるかもしれないので、その点はお許しいただきたいです。私の胸に押し寄せる感情が多すぎて、すべてを抑えるのが難しいです。昨日、私は弟に会う機会がありました。周りには人がいました。彼の振る舞いは冷たかったが、以前私たちが持っていた愛情や共犯関係の思い出が今は不思議なものに変えてしまっています。結婚式と豪華な宴席の後、深夜、彼は私のロッカに現れ、私に対して非常に残酷で暴力的でした。彼は冷たい指で私の首を締め、もう信じられないほどでした。はっきりと私に言いました。「もう姿を見せるな」と。あなたもよくこの事情をご存知です。かつて彼は私を教皇座に上るための取引の品として利用し、今は私を恥ずべき象徴として、自らを汚辱する存在として隠すべき存在だと考えています。私がたくさんの人々から羨望と賞賛を受けたことは間違いありません。それで彼はたくさんの利益を得たのですが、今は感謝や親切の気持ちもなく、私を避けさせようとしています。私の顔と記憶を忘れ去るように、私を影に追いやり、孤独に閉じこもるように望んでいます。私は不快になっています。この苦い事実を受け入れるのは難しいです。確かに、私は首都から **20** 年近くも離れています。そうすることができたのは、あなたの父と彼の異常な嫉妬が許してくれたからです。その時、私は自分がどんな人間になるかを自分で選びました。家族の命令や要求から解放されたのです。ファルネーゼ家の荘厳な影が私を押し潰そうとするまで、自分の人生をより正しいものにする方法を模索しました。私は従順に育てられました。あなたもそうですが、家族の利益は私の命よりも常に重要でした。私はロドリゴの後、ヴァッサネッロに戻ってから、その後しばらくして、ローマのモンテ・ジョルダーノ宮殿へ行きました。そこは私が彼と離れて初めて暮らした場所で、ロドリゴから人生と愛を学びました。役人のキエルビーノ・ゲッツィは少し不機嫌そうでしたが、オルシーノが私に対して行うことを望んでいた贈与書を作成しました。それは女性が自分のものを所有することは考えられませんでしたが、オルシーノはそうしました。彼は私にカルボニャーノ城と領地を寄贈しました。それを実行するために、彼はノタリウスに強制されました。ノタリウスはイエス・キリストの十字架とローマのサン・ジェローモ教会の祭壇の前で誓いを立てることを要求しました。彼はすべての書かれた法律や書かれていない法律に反していましたが、それが人を変えるのです。人々は誰かを使い捨てにして、使い終わったら投げ捨てようとすることがあります。そして、傷ついた後、侮辱された後、言葉や行動で傷つけられた後、それでも許し、ためらうことなく与えたいと思う人がいます。私はあなたが人生で少なくとも1人のそのような魂に出会っていると願っています。3つの結婚と微かなキャンドルの光で照らされた出会いが、あなたの人生に少なくとも1つのそういった魂をもたらしてくれたらと願っています。なぜなら、人生は他者との寛容、無償の愛、そして親切な出会いがあって初めて人生に変わるからです。心からあなたによろしくお伝えください。

温かい挨拶を送ります。

Benedicat tibi Dominus et custodiat te. - 　神様があなた
を祝福し、守ることを願います。

187

イウリア・ファルネシア

ルクレツィアの最後の息吹

カミッラとの最後の対話の後、ルクレツィアはジュリアのことを考えることしかできなかった。彼女は自分をジュリアと結びつける思い出を頭から消すことができなかった。彼女たちは姉妹のように同じ屋根の下で何年も過ごしたが、ジュリアは彼女の父、枢機卿、いや、教皇の愛人でした。

父親が彼女とジュリアを贅沢と富で包み込んだ記憶が彼女の心に戻ってきた。混乱が彼女の頭を支配する中、突然、彼女は父親の邸宅で最も美しい「星の間」を思い出すのに何となく喜びを感じた。

母のヴァンノッツァは、人生で柔軟で思慮深くあるべきだと教え、誰もが理解できない体面や規律よりも自分の利益が優先されることを教えてくれた。

彼女は褐色の肌を持つ女性、カテリネッラを呼んだ：カミッラのように誓いを立てることを望むという彼女の意志を既に許可していたが、彼女は彼女との深い愛情のために今も彼女の仕えに留まっていた。

「紙とペンを持ってきて、スア・モレッタ」とルクレツィアは軽い微笑みを浮かべながら言った。

女性は数日間ベッドに横たわっていた。彼女は汗と涙に濡れた素敵な髪の毛で散らされたクッションに無力に横たわり、力もなくなっていた。

その女性は目の前の白い紙に言葉を書き始め、時折微笑みや曇りがその顔に現れた。ときおり、次にどう進むかを考えるために止まり、ペンを置いて枕に体を預けることがあった。

女性は何度も筆を取り上げて書き続けたが、そのペンは彼女の手から滑り落ち、床に落ちたり、周囲にインクを撒いたりした。忠実な召使いはその手紙とペンを拾い上げ、それらを彼女の近くにある小さなテーブルに置いた後、再び彼女のお世話に集中した。

その女性の肌は熱かった。次の三日間、女性は震え続け、内側から来るかのような寒さと汗まみれの間を交互に経験した。女性の髪は彼女の頭を苦しめ、汗で重たく感じさせ、彼女はそれが自分の貧弱な頭を後ろに引っ張っているように感じた。

「カテリネッラ、お願いだから、神の名のもとに切って...」とルクレツィアの声は苦しみに満ちており、深い場所から来たかのように聞こえた。

召使いは静かな言葉で彼女を説得しようとしたが、彼女の主張に従うことを強く望んだため、エレオノーラ・ピコを呼びました。

忠実な女中は、一つ一つの房を剪定して、ルクレツィアの髪を切りました。

「修道院で、初誓願の日に、姉妹は神に彼らの髪の毛の犠牲を捧げます...そしてあなた、カテリネッラ、もうすぐ...私はすぐに私の存在の負担からあなたを解放します...」

「そんなことを言わないでください、ルクレツィア様...」

エレオノーラとカテリネッラは、ルクレツィアのほぼ剃られた頭に薄いリネンのヴェールをかけようとしましたが、彼女は動揺し、熱を帯びた頭にさえその布地の軽さに耐えられませんでした。

「父よ、激しい苦痛...まさにここ、こころの上、目の上に...父よ、助けて...」と女性が囁くように言うと、彼女の鼻から血が噴出しました。
それ以降、ボルジアはわずかな呟きしかできず、最後のため息とともに沈黙しました。

「私は永遠に神のものです...」

* * *

ルクレツィア夫人の強い気性は死を迎えることを許さず、彼女は視力を失い、感覚もなくなっていた。
夫であるアルフォンソは、涙に濡れた手を握っていた。時折、彼女は繊細な指で優しく彼の手を握りしめ、短い幸福をもたらすものの、深い痛みを和らげることはなかった。
静かに神父がやって来た。その時、ルクレツィアはっきりと聖職者の指が彼女の手のひらとこめかみに慰めの十字を描くのを感じた。
アルフォンソは子供たちを母の部屋に連れて行き、彼らは母親が病気でどんなに消耗しているか驚いた：誰もルクレツィアが死にかけていることを伝える無情な役割を果たさなかった。彼らは彼女の手と額にキスをして退室した。
苦しみはなく、夕方にルクレツィアは穏やかに死に逝き、口元には微笑みが浮かんでいた。
アルフォンソは妻が本当に息を引き取ったか確認するために鏡を妻の口の前に持って行かざるを得なかった。

1519 年 6 月 24 日であった。

彼女の死の報を聞いたフェラーラの町は皆悲しみに暮れ、喪服を着た。貧しい人々は街中で散りばめ、母親を亡くしたと泣き叫んだ。
その後、アルフォンソ公爵はカテリネッラに幾つかの紙切れを控えめに取って保管するよう頼んだ。その中には幼馴染の友人であるジュリアへの手紙も含まれており、それらを丁寧に小箱に収めた。

「これらは公爵夫人の最後の筆跡です。彼女のものであり、

彼女の最も忠実な召使いであるあなたに帰します。私の愛
する亡くなった妻の意志に従って使っていただくと確信して、
私は恐れずにあなたに渡します。」

カテリネッラはその意外な行動に驚き、その箱を最も貴重な
宝物のように胸に抱きしめた。彼女はそれを修道院に持ち
込み、その箱に入っている内容を決して読まず、彼女の主人
の秘密を守り抜くことになるだろう。
最後にその女性の死に立ち会った部屋から出る時、彼女は
修道院生活を選ぶように頼んだ時を思い出した...「ルクレ
ツィア夫人、修道女になる許可をください！私はどうなるの
ですか？私の肌の色のために誰も私と結婚したがりません...
私は紳士の愛人になりたくありません...」

公爵夫人は彼女に夫を見つけることを約束したが、カテリ
ネッラはそれを拒絶した。

「ロレンツォ・デ・メディチの奴隷のようになるのは嫌です！」

最終的にはカテリネッラの強い主張が勝ち、公爵夫人は彼
女を放免してサン・ベルナルディーノ修道院の姉妹たちに加わ
ることを許した。彼女はその後、愛情を込めてスア・モレッタと
呼ばれるようになった。しかし、彼女は自分の最期が近いと
感じたかのように、最後の別れまで主人の奉仕に戻りまし
た。

不運な一年

カルボニャーノの要塞には、6月の穏やかな午後に、大司祭ドメニコ・フロリード・ディ・カンパーニャノからの招集が届いた。洗練されたカリグラフィで書かれたわずかな言葉からは、バテルボッリと共にコンシストーリョに出席する必要があり、長く続いていたサンタ・マリア・イン・グラーディの修道院とカルボニャーノの住民との間の争いについて、ようやく教皇庁が判断を下したようだった。ジュリアはますますローマに行くのが嫌いになっていたが、そのコンシストーリョに出席する必要があり、彼女自身が高位聖職者たちの前に姿を現すのを避けることはできないことを理解していた。彼女は彼らも彼女を見るのを好ましく思っていないだろうと想像し、それが彼女の旅行を計画する理由の一つになった。

召集は6月26日の早朝にあったので、ペトロベッリと共に少なくとも2日前に出発し、途中で宿泊し、ローマで出席する必要がありました。ローマに着いた後は、兄弟の所有するか、娘のラウラとその夫が所有するモンテ・ジョルダーノの宮殿に宿泊することができたが、彼女は出席する修道院に宿泊を頼むことにしました。

「ドン・ペトロベッリ、サン・シスト修道院に使者を送り、あなた
と私のために宿泊を求めてください。カザーレの地所の決定の
ために教皇庁に出席する必要があります。」

見た目は朽ち果てているようで、始めてきた薄毛の男性は、
彼女の主人に頭を下げた後、居間を出て、命じられたことに
従うために要塞の外に向かいました。
ひとりになったジュリアは目を閉じ、ため息をつきました。あの
憎たらしい聖職者たちの意志に服従しなければならないこと
に対する怒りと欲求不満で叫びたかったが、自分ひとりでわ
かっていたのは、その義務から逃れる方法はないということで
した。

＊　＊　＊

ジュリアと彼女の秘書がコンシストーリアが招集されていたサ
ロンに到着すると、ビテルボのサンタ・マリア・イン・グラーデ修
道院の修道士たちはすでに木製の椅子に座っていた。プリ
オールのアンジェロ・ダ・ソンチーノは2人が広い部屋に入ってく
るとすぐに黙り、鋭い目で女性と彼女の付き人を見つめまし
た。2人が長いテーブルの反対側に座ったとき、待つことが始
まりました。大司祭が初めて女性のように入口の奥からドア
から出てきたようなもので、皆が座るのを待っていたようです。
大司祭はプリオールに作り笑顔を向け、ジュリアには一切目
を向けませんでした。彼はテーブルの頭に位置し、手に持って

いた文書を置いた後、その中からページを探すようにめくりました。そして、文書を手にしたまま声をはっきりと整え、読み始めました。

「謙虚なカメラ・アポストリカが、聖ローマ教会のカメルレンゴ、ラファエーレ・リアリオ枢機卿の命令により、ジュリア・ファルネジア女公とカルボニャーノの領地についてビテルボのサンタ・マリア・イン・グラーデ修道院のチャプターが開始した訴訟を審議しました。そして、ビテルボ市の四十人委員会に詳細な議題を譲渡しました。委員会はカルボニャーノの領主ジュリア・ファルネジアの領地であるカザーレの交換を提案し、理由となるものとして大多数がサンタ・マリア・イン・グラーデ修道院の支持に投票したため、ジュリア・ファルネジアの要求を拒否しました。1519 年 5 月 20 日。カメラ・アポストリカの役人であるアドリアーノ・カステッレージ・ダ・コルネートがファルネジア女公の提案を拒否し、ビテルボの四十人委員会の決定を確認し、カザーレの領地を使用可能なままにするという警告を含む命令を発表しました。1519 年 6 月 26 日。」

大司祭は紙をテーブルに置き、ジュリアに冷たい視線を向けた後、プリオールと他のすべての聖職者に対してははっきりと異なる視線を向けました。彼らは決定に満足しているようでした。

ジュリアは自分の内側で沸き起こる怒りを必死に抑えながら、その愚かで偏った決定を聞いた後、ゆっくりと大司祭に向かって立ち上がりました。

彼女は大司祭に近づくのを見た大司祭が彼女の表情に非常に決意に満ちた表情を見て、彼女に近づいてきたのを見て、椅子から飛び起きてそれに隠れました。

ペトロベッリは、部屋の高い壁に反響する不気味な音を立てながら椅子から立ち上がり、彼女を見つめながら息を飲みました。彼女はその大司祭の後ろに隠れていた椅子の近くに到達していました。

「私が署名と印を押すべき場所を教えてください、これでこの長引く問題を一切終わらせましょう...」と、彼女はペトロベッリに向けて言いました。すると彼はすぐに近づきました。

大司祭はジュリアよりも背が高かったが、肩を落としながら椅子から身を乗り出し、先程読んだ文書の下の方を指しました。するとペトロベッリは彼の持ち歩いていたポーチから取り出した印章をろうそくの一つに寄せ、それにスペイン製のろうそくのしずくを少し垂らしました。部屋は静かで、スペインのろうそくの音が聞こえました。それは紙にいくつかのしずくを垂らし、そして素早く彼女に文書に右手の小指に着けていた指輪で印を押させました。

プリオールは四十人委員会の決定がカメラ・アポストリカによって承認されたことに満足しており、ジュリアが部屋を出ようとしているのを見て立ち上がり、彼女の前に立ちふさがりました。
彼女はその男が彼女に対してすでに得た以上の何かを求めているのか、非常に不快に感じ、すぐに自分自身に問いました。

「イウリア嬢、今日ここでお会いするとは思っていませんでした...」

女性は男の言葉の隠された意味を理解しませんでしたが、質問をしなくても相手が言いたいことは理解できると確信しており、何も言いませんでした。

「私はあなたが枢機卿の叙階式に出席するものだと思っていました...」プリオールは、彼女がちょうど前にサン・シスト修道院のサロンのドアを開けたときに彼女が通知されていなかったと思っており、彼女に辛辣な言葉を言うことを我慢できなかったのです。
ファルネーゼ兄弟の対立についての噂は広く知られており、彼はその状況を利用して、彼女の寝室でパパ・ボルジアと彼女の家族の運命を変えた女性を屈辱することを拒否しませんでした。
ジュリアはその修道士の視線に何秒か耐え、彼が退かないことを見て、彼をかわして部屋を出ました。彼女は怒りも悲しみも感じませんでした。兄が進めている遠ざかりについての自覚はすでに確信に変わっており、それが彼女を幸せにはしないとしても、彼女はそれと共存しなければなりませんでした。
その時、彼女を最も悲しませたことは、この数年間彼女が世
話をしてきたカザーレの領地をジャコモ・ディ・ルカに伝えること
でした。しばしば正義は公正ではなく、現実とはほとんど関
係のない空中の議論に固執してしまいます。

ただし、それが現実です。

＊ ＊ ＊

あの不幸な旅行から数日後、教皇使節が城の近くに到着
しました。彼は手渡す手紙を持っており、いつものように教会
の広場でベルナを見つけられなかったので、領主の城に行く
ための案内を求めました。
ジュリアはほぼ毎朝、自分の封土の乞食たちと面会し、小さ
な問題や大きな問題を解決していました。
一方、ベルナは台所と整理する部屋の間で日常の仕事をし
ていました。城に面した広場の窓の一つから見える光景に気
づきました。そこには使節の派手な色の制服が目立ってお
り、貧しい人々が身に着けているボロ布とは対照的でした。
使節はまだ馬に乗っており、左手に突き立てられた槍で空を
指さして周囲を見回していました。
その光景を目にしたベルナはすぐに手を止めました。彼女は
彼女の主人の城の下に使節がいることがたった一つのことを
意味する可能性があると感じました。最初は喜びに満ちてい

200

ましたが、次第に暗い絶望感に包まれました。急いで階段を降りる間、彼女は暗い服の上に着ていた大きなエプロンで手を拭うことに気をつけました。

彼女は使節から手渡される手紙がルクレツィア女史からのものではないことを心から願っていました。その考えを抱きながら、彼女は罪悪感に苛まれました。彼女は過去数年間にジュリアに宛てた6通の手紙がすべて戻ってきたので、それらの手紙に触れることはできませんでした。彼女の主人に対する嘘が、数多くの夜を悩ませ続けたことが、最悪の形で暴かれることになるでしょう。

彼女は使節の近くに到着し、使節が彼女を見つけると馬から降りて、馬のサドルに固定された大きな木製の容器の中で何かを始めました。犬はその女性を認識したようで、今回は歯を見せることなく、穏やかな無関心を示しました。

「モンナ・ベルナ、お主の主人、イウリア・ファルネージャへのお手紙を持って参りました。そし...」と言って、彼は手紙を箱から取り出し、そして読み始めました。「フェッラーラのサン・チアラとサン・ベルナルディーノのフランシスコ修道会の女子修道院から届きました。もちろん、差出人に戻された封書もございます。」

その時まで息を止めていたベルナは、胸に溜まった空気を深く吐き出しました。

「今回は手渡しの手紙はございませんか？」

ベルナは使節から2通の手紙を受け取り、危機を乗り越え
た安堵感で散漫に答えました。

「いいえ...今回は手紙はございません、お早うございます...」

男性は郵便物を保持するベルトを確認した後、馬にまたがっ
て頭を下げて別れを告げました。
ベルナが着ていたエプロンには大きなポケットがあり、彼女は
そのポケットに主人宛の手紙をしまい、できるだけ早く渡すこ
とができるようにしました。一方、返送された2番目の封筒
は彼女の寝台の下に他のものと一緒にしまいました。

全部で6通でした。

＊＊＊

ベルナは一日中、朝に届いた手紙を主人に届けようとしてい
ましたが、主人はずっと忙しそうでした。
日が暮れかけており、ジュリアはサロンの窓辺に立ち、夕食の
用意がされるのを待ち、休息する準備をしていました。

「お恥ずかしいのですが、主人、朝、教皇使節からお手紙が
届いていました...」

女性は聞いていないようでしたが、"お手紙"と"教皇使節"という言葉を聞いて、一挙にベルナに注意を向けました。ベルナが手紙を差し出すと、女性は興奮して手に取り、封筒の表面に書かれた差出人を読んでいました。期待に胸を膨らませていた表情は、フェッラーラのサン・チアラとサン・ベルナルディーノ修道院であることが分かると、がっかりしたものに変わりました。誰がその手紙を送り、どんな意図があるのか、首尾よく読むかどうかわからない手紙を受け取った主人は、暗い煤の黒い暗がりを見つめながら考えました。手紙を開くために印章を破ると、紋章のないろうそくで封をしてあり、手紙を開けました。中には小さな包みが折りたたまれていました。

フェッラーラ、1519 年 7 月

イウリア女史、お会いしたことはありませんが、私はあなたを知っています。あなたのお言葉のおかげで、私たちは長い間同じ屋根の下で暮らしているかのような気がします。それはルクレツィア・ボルジア夫人の言葉です。以前はルクレツィア夫人の使用人でしたが、今は彼女のお気に入りの修道院に身を置いて信仰を授かっています。彼女は私に神に捧げるよう勧めましたが、この地上で彼女を見送るまで彼女を放っておけませんでした。
ルクレツィア夫人は数日前の 6 月 24 日に父なる神のもとに召されました。彼女はちょうど赤ん坊を産んだところでしたが、造物主はお二人を天国へお迎えになりました。最後の明晰な瞬間に彼女は紙とペンを欲しがり、あなたに手紙を書き始めましたが、完成することはできませんでした。
アルフォンソ公爵は、夫人が過ごした最後の日々に持っていたカード
を私に渡すように頼んでくれました。私は彼女の尊厳を尊重し、カー
ドを読むことは決してありませんが、彼女が自分で書き始めた手紙
をお渡しすることが適切だと考えました。
このような言い方をするのはふさわしくないので、迷惑をかけたのなら
謝る。

モレッタ修道女

ルクレツィアは亡くなっていた。
この新たな喪失による絶望がジュリアの内側を引き裂き、まる
で肉体的な苦痛をもたらした。
彼女は手紙を力強く握りしめ、そのニュースを壊すことができ
るかのようにそれを丸めました。
深い息を吸い込み、しばらくそれを保ち、涙に濡れた頬を拭
いました。そして彼女は、自分の膝に落ちた小さな包みを思
い出しました。
彼女はそれを指先で掴み、開きました。インクのしみが夜空
の星のように紙に散らばっていました。
この細部が彼女の注意を引きつけましたが、数秒後にルクレ
ツィアの繊細で調和の取れた筆跡に集中しました。まさに彼
女が覚えていたその通りでした。
こうして読み始めました...

大切なイウリアへ、

私はあなたのことを考え続けています… 私のことを、私たちのことを覚えているでしょうか？

私にとっては、私が行く時が来たのです。心の奥底で自覚しています。そして、これら私の最後の日々に、何とも信じられないことに、私の思考が何年もの距離を超えて、私に向かって飛んでくるのが不思議でした。私たちが辿ってきた異なる道で、私たちがどれほど遠く、私たちの存在を大きな家族たちが許された空間に圧縮されるまでも遠くなってしまったことの思い出さえ遠くからです。

この手紙に私の思いを託したいのですが、あなたなら理解してくれると確信しています。

すべての恐れは消え去り、永遠に消え去りました。今、私は言い表せないほどの平和を楽しんでいます。

1 週間前、私はイザベラ・マリアと名付けた赤ん坊を産みました。看護婦たちに託される前に、僅かに彼女を見ました。繊細なレースの包帯で小さくて壊れやすく、小さな手はまるで世界の目から身を守るかのように目に押し当てられていました。まるで既に生きることを恐れているかのようでした。

何も言われなかったのですが、私の赤ん坊は出生後すぐに亡くなったことを確信しています。胸の中で、そして空っぽの手で感じています。泣くためにいつも夜を待っています。だれにも見られないように。

私たちはどんな人生を歩んできたのでしょう、親愛なるイウリア…

多くの人に羨まれていますが、私たちの小さな存在が大きな家族から許された空間に押し込められました。私は素晴らしい魂を見つけました。感情や関係は、私の意志だけで、肉体的な情熱には決して至りませんでした。彼との間で手紙のやり取りを続けていましたが、数ヶ月前にそれをやめました。

そして、私の若い息子ロドリゴの突然の死、そしてサン・ベルナルディーノ・ダ・シエナとサンタ・カタリナの信者たちとの頻繁な交流、最後にフランシスコ会第三会への参加で目が覚めました。私は夫に値しないと感じ始めました。彼以外の男性と何通かの無害な手紙を交換することさえも、自分が価値がないと感じさせたほどです。その時から、私のために届けられるすべての手紙を断るように指示しました。

私の本当の物語の保管人が欲しかったのですが、あなたは完璧な宝箱でした、私の愛するイウリア... しかし、この人生の苦しみは私から私の存在に投げかけられた多くの影の明確なイメージを世界に残す意志さえ奪いました。

私たちが説明をしなくても十分です、私たちは人の悪意と、特に無邪気な心の中にもたらす悲劇をあまりにもよく知っています...。

手紙はここで途切れていました。

ジュリアは何もかもが石化してしまったようだった... 今読んだ内容からすると、ルクレツィアは彼女の手紙を一通も受け取っていなかったようだ... それをすべて理解しようとしているが、全く理解できなかった。

しかし、一つの考えが彼女の心を責め立てていた: ルクレツィアも彼女を真実の保管人として望んでいたはずだった...

何が起こったのだろうか？テーブルには準備された食事があり、部屋には誘人の香りが漂っていたが、ジュリアは自分の考えに夢中でそれに気づかなかった。

一方、テーブルの周りで素早く動くベルナは、何が起ころうとしているか全く知らず、支配者から名前を呼ばれた。

「ベルナ、君はいつも教皇使節に私の手紙を渡していたんだろう？」
少女は自分が何の罪もないと急いで答えた。

「私は...」

「何で責任を感じないのだ、ベルナ？」

「私は...」彼女は混乱しているように見え、彼女の顔は異常なほど真っ赤になっていた。

「私の手紙を教皇使節に渡したのか？」

ベルナは黙って目を落としたままだった。

「ルクレツィアが亡くなった。そして彼女は私に手紙を送ったが、その中で私の手紙について何も言及せず...むしろ...彼女はフェラーラ城の使用人たちに私宛てのすべての封筒を返送するよう命じていたんだが...」

「でも...私が少し前に渡した封筒はルクレツィアからのものじゃない！」とベルナはつぶやいた。まだ目を落としたままだった。

「ベルナ、私は最後に一つ尋ねる。君は私の手紙を教皇使節に渡したことがあるか？」

「ちくしょう、はい！」少女は叫んだ。「私は全部、六通も、あの人に渡した。でも、それから彼は...」

ジュリアは立ち上がり、太ももに広げた服の上に置いてあった紙を地面に滑らせた。

「それから彼は？」

「その使者は、私が新たな手紙を渡すために広場に行く度に、前回彼に渡した手紙を返してきたんだ...」

その言葉に部屋に氷のような静けさが訪れた。

「彼が私の手紙を返してきたのか？それについて私に何も言わなかったのか？」

ベルナはまたもや顔を落とし、何も答えなかった。

「彼にあなたの手紙を返されたの？それでなぜ私に知らせなかったの？」

ベルナは、目の前に立つ彼女に向けられる一言一句ごとに小さくなるような気がしていた。

「私があなたが苦しむのを望まなかった...」彼女は告白し、それに伴って涙で濡れた目を上げた。「でも、私は手紙を見ることすら許されませんでした...」
その言葉で、彼女は顔をふいて素早い足取りで部屋を出て行った。

「ベルナ...」

ジュリアはその少女の告白に驚愕し、彼女を怒るべきかどうかわからなかった。ベルナはしばらくして急いで部屋に戻り、手拭いを手にしていた。彼女の歩みに合わせて布は揺れていた。

「これ、毎晩寝る時に枕にして考えてきたんだ。夜ごと、これが正しいことだったかどうか考えたんだ」彼女は告白し、支配者に平らな枕を差し出した。
彼女はその手を伸ばし、ベルナの手から布を取った。テーブルに近づき、枕を置き、封筒を六つ取り出した。

彼女は指先でそれらに触れ、つらい悲しみを押し殺していました。暗い雲のように悲しみが彼女の心を覆い、すべてを暗くしました。
その重荷を胸に抱えて、ジュリアは言葉を発することなく自分
の部屋に引きこもりました。

* * *

　夜はベルナとジュリアの両方にとって眠れないものとなりまし
た。彼女たちはともに苦しい夜を過ごしました。
若い女性は、起こったことに悲しみを感じながらも、ある種の
重荷から解放されたように感じました。
通常、ジュリアは机の上にキャンドルを常に灯していました
が、その夜は突然すべてのキャンドルを再び点灯しました。
彼女は自分の百合の封印を一つ一つ破り、彼女の言葉を
もう一度読み直しました。その中で涙と笑顔が交じり合いま
した。夜が明けると、ルクレツィアに宛てた最後の手紙が彼
女に到着しました。イソラ・ビジェンティーナからのものでした。
彼女の周囲の部屋からかすかな音が聞こえ、ジュリアは椅子か
ら立ち上がりました。この長い夜に襲われたすべての感情に疲れ
果て、心はまだ動揺していました。ジュリアはスペクトラムという馬
に乗って、自分の領地を自由に歩き回る喜びに浸りたいと思っ
ていましたが、まずは何かすることがありました。
彼女は簡単な服を身に着け、数分後に部屋に到着したベル
ナを呼びました。

「ご主人様...」

「おいで、ベルナ。ここに座って、私の横に」ジュリアは書斎の
横にある椅子を指しました。
従順なベルナは座り、背筋を伸ばし、手を膝の上に重ねまし
た。

「昨夜、私は私の親友ルクレツィアが亡くなったという知らせ
を受けました。一か月も経っていないことです。あなたが私に
渡した封筒は、彼女の召使いから送られてきたものです。彼
女は彼女の主人が亡くなった後に修道院で暮らすことを選
びました。その封筒の中には、スアーモレッタが亡くなる直前
にルクレツィアが私に書き始めた手紙が含まれていました。彼
女の手紙では、私の愛するルクレツィアが 2 年以上前から
彼女の宮殿の外から送られてくるすべての手紙を拒否するこ
とを決めたことが書かれています。そのため、私の手紙はすべ
て返送されたようです。」

ジュリアは一時停止しました。

「モナ・イウリア、ジョヴァンニ氏の死後、手紙を書くことがあな
たを慰めていると感じていました。最初の手紙が返送される
のを見たとき、あなたがそのような大きな苦痛を経験すること
を思うだけで自分が死にたくなりました...」

「ルクレツィアと私は私の人生の多くの年を共有しました。そ

れは私が世界の頂点にいた時期であり、その後は多くの不幸と悪口が私に訪れた時期でもありました。それから...」ジュリアの視線は虚空に向けられ、彼女はまるでベルナに話していないかのように続けました。「人々の邪悪さを自分の肌で実感しました。他の人々は私の人生を歪曲し、私が認識できないような私を描こうとしました。そして、その時私はルクレツィアに私たちの道が 15 年以上前に分かれた後の私の人生を伝えようと考えました」

ベルナは彼女の主人の顔から目を離さずに彼女の話を聞いていました。

「この過ごした夜は一睡もできませんでした」

ジュリアの言葉を聞いて、ベルナは頷きました。

「それから突然、私は机の上のすべてのキャンドルを再び灯し、私自身が書いた手紙を読み始めました。」

優しい微笑みが彼女の顔に浮かび、彼女は遠い場所を見つめながら話を続けました。

「この部屋も」ジュリアは最後に言い、彼女の寝室の天井全体を飾るフレスコ画や、それを囲むルネットに視線を移しました。「真の私を閉じ込めています。誰かがいつかそれに気づくでしょう...」

しばらくの間、沈黙が続いた後、ジュリアは目を上げ、決定的な動作で机の上に散らばったすべての紙を集めました。彼女の魂の詰まった束を抱えながら、次に何をすべきかをじっくりと考えた後、ゆっくりと腕を伸ばしてベルナに手渡し、薄い微笑みを浮かべました。

「焼いて」

ベルナは彼女の主人から束の紙を受け取り、じっと彼女の目を見つめながら無言の問いを投げかけました。

「焼いて、ベルナ。それが望むことだったのよ」

若い女性は暖炉に近づき、紙を置き、その後、時を見計らって火打ち石で火花を飛ばし、それをストローで吹いて火を灯す作業を始めました。それは芸術と忍耐を要する作業で、ベルナはそれを嫌っていました。
もし火が消えてしまったら、彼女は誰かに頼んで布を炎に近づけ、火を借りるように頼むことを好んでいました。幸いなことに、城は村の中心にあるので、それは可能でした。
しかし、今回は幸運でした。3回目の試みで火がつき、紙、インク、そして彼女の主人のすべての言葉がすぐに燃え尽きました。

ジュリアは暖炉に近づき、その炎をじっと見つめました。火が
紙の最後のかけらを燃やし尽くした後、ジュリアは火かき棒で
最後の残りカスをかき集めました。

献身の思い出

冷たい風がヴィテルボのマドンナ・デッラ・クエルチャ聖堂前の広場を吹き抜けた。その壮大な聖域の前で、クリスマスは季節の移り変わりのように、今年も容赦なく訪れた。1520 年の春、ジュリアは 45 歳の誕生日を迎え、優雅に歳月を重ねていた。彼女のこめかみには軽い霜がかかっていたが、その美しさには微動だにしなかった。むしろ、年齢は自己認識の微妙で確かな響きと共に、魂から湧き上がる彼女の自覚を次第に露にし、暗闇の夜に月が昇るように、ますます頻繁に姿を現した。

教会に続く広い階段を上るとき、彼女は聖域のそばにそびえ立つ厳かな鐘楼を見上げた。その壮大さの前に立つたび、彼女は圧倒されながら同時に穏やかな気持ちに包まれた。1515 年以来、クリスマスの時期にはいつもマドンナ・デッラ・クエルチャに祈りを捧げ、敬意を表していた。彼女は深い感謝の念によってその信仰と結ばれていた。

今年はベルナを連れて行くことを望んだ。時間が経つにつれ、その少女の存在が彼女にとってますます歓迎され、欠かせないものとなっていた。彼女自身もその必要性に驚いていた。手紙の一件の後ではありえないとは思わなかったが...しかし、初めの怒りが収まった後、女主人は彼女の行動を理解し、評価した。彼女の心からの嘘を背負いながらも、彼女は自分自身にさえ語ることができなかったすべてを魂から追い出すことを可能にしたのだ。
その秘密を守り続けるベルナは、深い失望から彼女を守り、ルクレツィアとの文通で披露したものを一度として封印することがなかった。そして何よりも、彼女に対する尊敬を示し、それらの封書を開封しようとする念頭すら浮かばせることなく、長い間保管していたのだ。彼女が質問を連発する前に、旅の途中でジュリアは彼女にその旅の理由を話した。

「主の1515年、私は命の危険にさらされ、ウィテルボのマドンナ・デッラ・クエルチャのところで生き延びました。どんな呪われた生き物の刺し傷かわかりませんが、その春、私は病気になりました。続く熱が私を消耗させ、首とのどの膨れが息苦しさを引き起こしました。ジョヴァンニは、私がその日々にどれだけの苦しみを味わっていたかを語ってくれました。私は死にかけていて、医者たちは私を助ける手段がないように思われると述べました。」

ベルナはその出来事をぼんやりと覚えていた。当時、彼女は女主人の侍女ではなく、母親と父親と一緒に畑で働いていました。

「ジョヴァンニが明かしたところによると、ある日、遠い親戚だと名乗る女性が私を訪ねてきました。その恐ろしい期間に多くの人々が私を訪ねていました。彼女はジョヴァンニに励ましを与え、ウィテルボのマドンナ・デッラ・クエルチャに祈るように勧めました。実際、伝えられているところでは、敵に追われた騎士が、聖母の絵が掛かっているオークの木の下に身を投げ、その後、その騎士は奇跡的に追手から透明になったというものです。この出来事やその他の類似した出来事の後、マドンナ・デッラ・クエルチャの奇跡の画像と壮大な木を修道院の庭園に内包した教会を建てることが決定されました。」

「主よ、どれほどのことをご存知なのですか、女主人...」

ジュリアはその言葉に微笑んで、話を続けました。

「当時、私は周囲のことをほとんど意識していませんでしたが、その女性の言葉は今でも鮮明に覚えています。彼女は自分が私の遠い親戚であると執拗に繰り返しました。彼女は奇跡のオークの木から持ち帰った少しの木片を持参しました。彼女はそのいくつかを水の入ったグラスに入れ、天の父と聖母マリアに祈りを捧げ、ウィテルボのマドンナ・デッラ・クエルチャに熱心に願いました。そしてそのグラスをジョヴァンニに手渡し、私がベッドに座るのを手伝って飲ませてくれました。」

「その水は奇跡を成し遂げました。すべての苦しみと病気が甘さに変わり、腫れも痛みを伴わずに自然に破れました。熱も消え、数日で私はそのベッドから立ち上がることができました。私はそれがすぐに私の死の帳であると信じていたベッドからです。」

その物語に感動した様子のジュリアは、息を整えるために胸に手を当て、その記憶を思い起こすことで激しく打つ心臓を抑えようとしました。

「感謝の印として、私はフィレンツェのマリオット・ベニンテンディに私の等身大の像を委託し、それをマドンナ・デッラ・クエルチャの聖域に寄贈しました。それは中央航路の柱を覆う左側のコーニスに設置されました。二人の枢機卿の間に位置しています。私以外の女性の像は、その聖域に存在したことはありませんでした...」

その間、2人の女性は堂々とした門を越え、聖域に入りました。そこに漂っている神秘的で暗い雰囲気は、聖香と燃えているろうそくの香りに満ちた場所で、彼女たちを知られた、安心できる抱擁で包み込みました。
その時、ベルナは彼女の主人の像を探すように目を向けました。彼女は見つけ、彼女の主人に驚くほど似ていることに驚きました。彼女は言葉を残すことなく無理をして、すでに口に出ようとしていた言葉を飲み込みました。その場所やその瞬間には不適切であったであろう言葉を。

彼女たちは式を見守り、最後に「**Te Deum Laudamus**」
を歌い、ジュリアは感動しました。

時が経つにつれ、彼女は自分の人生の道筋が瞬間的に目
の前を通り過ぎることがますます頻繁に起こることに気づきま
した。

* * *

これらの平穏で平和な瞬間から数日しか経っていなかった
が、新年の扉の前にジュリアを待っていた問題があった。
1521 年 1 月 3 日、ルイジ・デル・カステッロは、手を背中で
縛られたまま、ジュリアの前に連れられてきた。彼は、ジュリア
の領地で、兄ルドヴィーコを殺したという。ルドヴィーコが息絶
える寸前に、彼はジョヴァンニ・ディ・ベルナルドの殺害と強盗
について自白したというのだった。ドン・ペトロベッリはいつもの
冷静さで、女主人に出来事を知らせた。「おそらく、兄弟間
の争いは、二人の泥棒が不運な男から奪った 108 ドゥカー
ティの分け前についてだろう…」

男はジュリアの従者たちによって抑えられながら、ペトロベッリ
に向かって「女に裁かれるなど嫌だ！」と叫んだ。
誰も彼に答えることはなかった。
ジュリアは、常に複雑な解決策を求められる問題に対処す
るのに十分なだけのことを持つ男たちによって作られた問題に
ついて、本当にうんざりしていた。彼らは互いに理解を求める

ために力を使うだけの男たちだ。彼女はその悪漢を城の一階にある宿泊施設の一室に閉じ込めるように命じ、警備員を昼夜介して囚人を監視するように指示した。
そして、モンナ・ミラーナ・ディ・セル・マルコ・コティケッラ・ダ・オルテとセル・コスタンティーノ・ディ・ヤコポ・ヤボレッラ・ダ・ステフォーノ・イン・カウンティ・ディ・ナルニへと、自身の代理人として任命したセル・コスタンティーノに、使者を通じて手紙を送った。
彼女が自ら手で書いたわずかな文章には、モンナ・ミラーナとその夫であるセル・コスタンティーノに、故ジョヴァンニの兄グレゴリオに会って、この泥棒が彼女の家のドアの前まで持ってきた金額の行動と使用方法について共同で決定するよう求めていた。

「コスタンティーノ、あなたは古くからの経験豊かな信頼のおける人物だ。このような難しい状況ではあなたが私の代理人に指名された。グレゴリオにこの悲しい知らせを伝え、その後、その泥棒が私の家のドアの前まで持ってきた金額の行動とその使い道を共同で決める方法を見つけてください。」

キッチンで忙しいオノフリアは、常に女主人に注目し、彼女が普段と違う様子であることに気づいた。
夜、オノフリアはいつもよりも早くベルナを帰すように手配し、女主人の部屋に駆けつけた。
「イウリア、座りなさい。少し髪をブラッシングしてあげるわ…」
彼女はそう囁いた。女主人が何を必要としているのかをよく知っていた。

ジュリアは従順に座り、愛するオノフリアに頼った。彼女の古くなった手は、女主人の髪の毛をほどいていきました。その髪の毛の結び目や三つ編みの中に、彼女の頭を重くする問題や疑問が隠れているように感じました。

「私は疲れ果てているわ、オノフリア。いつも私だけに依存している人たち、いつも誰かが何かを求めているわ。ただの理由もなく争う男たちの多くによって。私が育てている豚の方が、その毛で覆われた頭にはもっと知恵があると思うわ！」

オノフリアは女主人の髪を解いた後、ゆっくりとブラッシングし始め、頭皮もマッサージしました。ジュリアは長くて強い震えを感じました。

「もし世界がただ女性だけによって統治されるならば、争いをするのではなく合意を形成するため、頭の中にある塩を使っていただろうね...」ジュリアは深いため息をつき、目を閉じました。

「イウリア、私の娘よ。すべての女性があなたのような決意と知性を持っているわけではありません。世界は単に男性や女性だけで統治されるべきではなく、理解力を持った人々に任されるべきです...」

ジュリアはオノフリアの目を見つめ、そして椅子から立ち上がらずに彼女を抱きしめました。その甘い抱擁の中で、年齢や社会的地位の違いを超えて、言葉では表現できない愛情と献身が流れました。

* * *

ミラーナとセル・コスタンティーノ・ディ・ヤコポは待つことなく、数日後に女主人の許しを得て、レッジョからのニュースを持って謁見を求めた：グレゴリオは、ファルネーゼ女主人に感謝しながら、コスタンティーノとの合意に達したと報告した。

「私のご主人様」と、謙遜しながらも会釈をするセル・コスタンティーノが先導しました。彼は以前高貴な宮廷で身につけた礼儀作法にまだ縛られているようで、カルボニャーノの質素な城にいるとも変わらずでした。「レッジョのドン・グレゴリオ・ディ・ベルナルドは合意に同意しました。ラキランテ・ダ・セルモネータによる犯罪のために絞首刑が決定されました...」この言葉に、会場の壁すらも静かになったように感じました。「しかしながら、泥棒から没収された 108 ドゥカーティの中から、グレゴリオは 40 ドゥカーティを返却することに同意しました。それぞれのドゥカーティにつき 10 マルチェッリで、残りの 45 ドゥカーティは費用としてお渡しし、残りの 23 ドゥカーティは迷惑をかけないことを約束する証として差し上げます。将来、あなたが受けるかもしれないどんな問題に対しても、それを防御することを約束します。」

セル・コスタンティーノを代理人に指名したことは、ジュリアが
過去数年間で最も賢明な選択の一つだった。彼はドン・ペト
ロベッリとともに、領地のますます複雑な管理に支えとなって
いた。
女主人は代理人の決定を承認し、グレゴリオの署名がされ
た書面に自らの署名と印章を押しました。そして、翌日の夜
明けに絞首刑を行うことを決定しました。
絞首台は城の北側にある噴水広場に設置される予定でし
た。ラキランテのような行動をとる者を抑止するために、死刑
を公開で行う野蛮な行為は、警告のために行われることが
多かった。
その夜、ジュリアはほとんど眠れませんでした。その時間には
理性が一瞬でも感情を上回ることはありませんでした。女主
人の頭には、翌朝の男の処刑のイメージが次々と浮かんでい
ました。
朝が明ける前に、ジュリアは特定の目的地を持たずに馬に
乗って馬小屋を出ました。
朝の厳しい空気は、予定されているやることを考えると、太
陽が昇っても改善される見込みはありませんでした。

時間は逃げ去る

　日々はゆっくりと静かに流れていき、思い出は甘いノスタルジアの毒を胸に抱え、心を満たしつつも、少しずつ魂を消耗していった。

カルボニャーノ城の部屋は、この世界にもう存在しない人々や、かつての時間の対比で薄れた味や感覚でますます混雑していた。封土の管理が女領主に自由な時間を与える瞬間に、彼女は過ぎ去った時代の遺跡に身を委ねるのだ。過去の春の思い出は、時折、彼女に触れたり、直接的に関わったりする出来事で彼女の記憶を呼び起こした。

ペトロベッリはちょうど首都から戻ってきて、1521 年 12 月にレオ 10 世が亡くなった後、2 週間のコンクラーヴェと 11 回の投票の末、新年の 1 月にアドリアノ 6 世が選ばれたことを報告した。

「また他国出身の教皇ですね」と女領主の秘書はため息をついた。「しかも、その他にも、コンクラーヴェには参加していなかったのです！」

ジュリアは聖コロッジョの内外でのダイナミクスを非常によく理

解していた。これは、ピエトロの後継者である教皇の世俗的
権力の内部および外部につながることが多く、ピエトロの後
継者である教皇の結果は、ピエトロの後継者である教皇の
結果は、多くの点で驚くべきものであり、ピエトロの後継者で
ある教皇の結果は、ピエトロの後継者である教皇の結果
は、多くの点で説明できないものであった。

「オランダの枢機卿アドリアン・フローレンス・デデル・ファン・ウト
レヒト」とペトロベッリは続けた。「その方は、メディチ教皇の死
後、チャイアラが継承権を争った教会の大きな主要人物の
グループの一部でもありませんでした。」

女性支配者が想像したのは、増々待ちきれなくなるローマ市民
たちが見知らぬ者が選ばれることに不満を抱いている姿だった。
選ばれた枢機卿たちの中には、アカデミック界での名声やスペイ
ンで数年間にわたって負っている政府の責任にもかかわらず、こ
の高位聖職者の存在を知らない者もいるはずだった。

「少なくとも公には、彼の名前は枢機卿選出を賭けるブック
メーカーたちの予想に含まれることはありませんでした。アドリ
アン自身も、以前と同じようにローマから距離を置いたまま、
教皇選出に参加するような野心は持っていませんでした。そ
れにも関わらず、4 年以上前にレオ 10 世から枢機卿に昇
格し、後の皇帝カール 5 世に敬意を表して、アドリアンはかつ
ての家庭教師であったのです。」

女性支配者は、目の前の男性の話に注目していた。男性は首都に一人で行く際に使っていた彼の秘書や酒場で聞いた事実や意見について語っていた。

「貴方の兄である枢機卿アレッサンドロは、富、才能、知識、そして能力においてこのコンクラーヴェで教皇に選ばれる可能性があった…」

「… しかし、彼は政治的に中立を宣言し、コンクラーヴェの決定を自らから遠く離れた場所で過ごすことを選んだんだ」とジュリアは男性の話を締めくくった。

「うーん、確かに逃した機会だとは思いませんか？」

「いいえ、私の忠実な友よ、そんな風には思いません。おそらく、アレッサンドロの
候補名はコロンナ家や他の枢機卿たちにボイコットされ、彼の教皇への選出が阻まれていたことでしょう。そして、私の兄が優れた戦略家であることを考えると、彼は自らの政治的手腕が彼の対抗者たちに明確な戦争を宣言するには十分でないと判断し、彼自身が敗者と見なされることなく、なんとかやり過ごすことを選んだでしょう。」

「実際、教皇の選出は他の才能に依存するものだと思っていましたが...」

「君はあの金のドアの向こうで何が起こるか想像することもできないんだよ...」と女性の視線は虚空に向けられた。
そして彼女の心はロドリゴと彼の選出に走り、以前のコンクラーヴェで失敗したところに成功したすべての陰謀やシモニアとの交渉が彼女の心に戻ってきた。そして、彼女はロドリゴの支持者の行列を思い出し、彼が就任した途端に約束された報酬を要求したことを震えながら思い出した: アスカニオ・スフォルツァ枢機卿は副宰相の地位とボルジア家の本邸の譲渡を得た、コロンナ枢機卿はスビアーチョの街と近くの城を得た。
オルシーニ枢機卿にはシミノのソリアーノとポンティチェッリ、サヴェッリ枢機卿にはチヴィタ・カステッラーナが与えられた。
それからたくさんの年月が経ったが、状況が全く変わっていないことは明らかだった。

「天に感謝しましょう、ペトロベッリ、私たちが抱える最大の問題は封土の住民の要求を聞くことと、私たちの商売で支払いを受けることです。私はあの世界にしばらく身を置いていましたが、信じてください、私はその世界に戻ることはありませんでした。この世界のあらゆる富よりも価値のあるものがそこにはある。あまりにも多くの汚職、陰謀、そして妥協があるからです...」

その秘書は彼女を残して立ち去り、彼女を大きな代表室に一人残したままで、そこでは石造りの大きな暖炉で炎が燃えていた。その首都からの知らせを受け取ってから、彼女はその秘書との会話中ずっとずっとそれを考え続けた。彼女は母親を思い、自分の息子が教皇に登りつめるために陰謀を企てた彼女の欲望を考え、アレッサンドロが後退したことで怒っている姿を想像していた。しかし、ジュリアは心の中で、彼女の兄がその道を選んだのだから、それは彼にとって最も適している道だったに違いないと確信していた。彼女が信じている目標は変わっていないという確信もあった。彼が変わってしまったとしても、そこに向かう道は確信していた。

アレッサンドロにとって、彼女や彼女の存在が喚起する記憶は、彼の教会でのキャリアにとって強力な障害だった。時代も興味関心も人々も変わったが、美しい女性が自身の能力や本当の人格を確立するために行ったすべての犠牲にもかかわらず、彼の兄はジュリアの記憶を完全に消し去る狂った計画を進めていた。まるで彼女が存在しなかったかのように。

しかし、おそらく兄にも理由があったと彼女は認めざるを得なかった。首都を去ってから20年以上が経過しても、彼女は依然としてボルジアの教皇の妾としてだけ指摘され、記憶されていた。

彼女はもはや、かつてベシンティーナ島の緑の草原を彼と歩いた男性を見分けることができないことが悲しかった。冷淡さと距離感がアレッサンドロの他のすべての特徴を取り込み、彼を非情で計算高い人物に変え、彼女との間に不可逆的

な距離をもたらしていた。彼は死んではいなかったが、彼女は
彼を失ったような気がしていた...

＊＊＊

ベルナは、主人のためにいくつかの用事を済ませた後、城に
戻っていた。ジュリアは最近、自分の部屋からあまり出なく
なっていた。自宅を離れるような仕事は、ほとんどすべてをベ
ルナに委任していた。
その朝、ベルナはドン・ペトロベッリが作成した書類を窯焼き
職人に届けるために出かけ、帰りに教皇の使者に何度か
会った広場に立ち寄った。その男性から毎回伝えられる悪い
ニュースから主人を守るために、何度も必死になってきた出来
事が再び心に燃え上がった。
彼女は自分の考えに夢中になっていて、たった今、教会の
ポータルに向けられた鑿やハンマーの音に気付いた。彼女の
主人が建てた教会の入り口の石を彫っているこの男性が、
彼女の目の前で再び足場に登っていた。

「いつもお騒がせばかりですね！」

石工は汗を吸い取り、石の破片から頭を守るために頭に巻
いた布をかぶっていた。最初はベルナに呼びかけた彼の視線
は問いかけるようでイライラしていたが、彼女を見つけると笑
顔に変わった。

230

「あなたはここに何を連れて来たのですか？ワインでも飲みますか？」男性はほとんど歯が抜けた口で笑って尋ねた。
その光景にベルナはびっくりした。「おお神よ、あなたは何をそこでやっているのですか？」

男性は首をかしげながら答えた。「私がやったのは何か、と訊ねていますか。正確には、私にやらせたことです！ある晩、トスカーナのある村の宿にいたのですが、名前さえ思い出せません。地元の裕福な紳士のために像を彫っていました。その晩、二人の酔っぱらいの間の口論を止めようとして、とんでもなく殴られました。おかげで、皮が剥がれるかと思いましたよ！」

「お前の歯はその恐怖から抜け落ちたのか？」ベルナは答えるか冗談を言っているか分からないような声で言った。

「そう、お嬢ちゃん、恐怖心が私を歯なしにさせたんだよ...でも私の耳が聞くことになるだろう！」男性は首を振って呟いた。
一方、ベルナは主人によって彫られた石のポータルに注意を向けていた。彼女は足場に向かって歩み、昼間の太陽から目を遮りながら注意深く見た。

「これを見たら、私の主人はあなたの口に残っている３本の歯まで抜かせるだろう！」とベルナは大声で叫んだ。

男性はすでに少女の賢いが必ずしも正確でない指摘に慣れており、頭を振りながら楽し気な笑みを隠した。
「ローマ数字を知らないのは私のせいではありませんよ。でも、1522 年という日付は間違いなく正しく刻まれています！」

数日後、広場が足場から解放され、ジュリア・ファルネーゼとカルボニャーノの人々は聖母マリアの無原罪の受胎の教会で最初の宗教的な行事に参加した。
教会から出て、ベルナは広場を少し歩いた後、振り返って再びその奇妙な文字列を読もうとした。彼女は主人にこの石工から聞いた数の仕組みを説明してもらうようにすることを心に誓った。主人に近づいているうちに、彼女はたくさんのことを学び、たくさんの質問をすることを始めていた。知識から生まれる感覚は、彼女にとって非常に心地よく感じられ始めていたのだ。

＊ ＊ ＊

アドリアノ 6 世はわずか 1 年余り在位した後、再びコンクラーヴェが開かれました。ファルネーゼ枢機卿は再び教皇候補者の狭いグループに名を連ねましたが、再び僅かな票数差で選出を逃しました。この時はジュリオ・デ・メディチ、通称クレメンス 7 世がピエトロの座に就きました。アレッサンドロは、巧みで

柔軟な戦略家として、この敗北を乗り越え、新たな教皇から
の尊敬と友情を得て、すぐに彼のお気に入りの助言者となり
ました。
ジュリアは兄の微妙な策略を遠くから見つめ、時には誇りを
感じることさえありました。彼女は母親が考えたプロジェクトに
若い頃と才能のほとんどを捧げ、ローマの教会の最高責任
者としてファルネーゼ家の一員が君臨することを夢見ていまし
た。しかし、この計画の実現のために、彼女は最も高い代償
を支払ったのです。一生涯の不名誉と、彼女の行動が清め
ることのできない嘲笑に晒されることになりました。

最後の幕

1524 年の 2 月の最後の数日間、ジュリアは風邪から始まる些細な不快感から、次第に重篤な症状を示し始めました。彼女は弱さ、食欲不振、発汗、寒気、咳、そして熱に苦しんでいました。

「おお神よ、我らの鳩の姫に何が起こっているのかしら？」アニェーゼは、ジュリアのベッドの周りで忙しなく動き回るオノフリア姉にこれらの言葉をささやいた。オノフリアは、彼女がかつて幸せな新婦ジョヴァンニと一緒に寝たベッドの上で横たわるジュリアの灼熱の額に湿った布を変えていました。

「当たり前のことをぶつぶつ言うのはやめて、台所で鶏のスープを作りなさい...もう 3 日も私たちのご主人は何も食べていないのよ...」オノフリアは不快そうに妹のおしゃべりを中断した。
彼女は主人のことを心配していて、今回は誰にも頼ることができませんでした。ジュリアの夫であるジョヴァンニは何年か前にこの世を去り、彼女を一人残して去っていきました。オノフリアはその女性を狂おしく愛しており、まるで本当の血縁関係があるかのように感じていました。ジュリアが横たわるベッドを一度も離れたことはなく、愛するご主人のところに交代で看病に行くためにベルナとアニェーゼに数時間だけ説得されたことがあります。

カルボニャーノの医師もロッカに駆けつけました。数年前からジュリアがいくつかの大金を彼のブレーゼの手を癒すために寄付していました。医師は、主人に初めての治療を施すことで、その急激な悪化の原因を理解しようとしました。彼は何種類かの単純なものを投与しましたが、それが即効性のあるものであるかのように思えただけで、かわりに彼女の体温を数時間だけ下げることができました。

その午後、ジュリアの熱は高くなり、彼女は錯乱し、シーツの中で文句を言いながら動き回っていました。

「…お父様、お父様、私を挨拶なしに去らないで…」彼女は幻覚を見ているかのように呟きました。「そして、あなた、ロドリーゴ、なぜ私を不義と悪逆心で呼びつけるのですか…私は子供だった時にあなたのもとに来て、あなたは私を女にしました…」

オノフリアは心臓が締め付けられるような思いをし、ジュリアが無意味に手を振り回している様子を見て、彼女の手を掴みました。その手は虚空をなぞるように動き、彼女が幻想の中にいるかのようでした。

「私の子よ、落ち着いて、私一人、ここにいるわ、ただ一人…」

ジュリアは悲痛な声で彼女に向かって言いました。「…母よ、あなたが不義であることは、私にとっては…アレッサンドロのために、私を利用しました…私の兄よ…枢機卿にし…それから教皇に…」

これらの言葉はオノフリアの心を傷つけました。彼女はそれを止めることができず、その遺産を与えられなかった彼女にとって、優しさ、怒り、無力感がその熱い額を撫でる手に集中しました。

＊＊＊

熱は訪れたり去ったりし、主人の意識と無意識も同様でした。咳は日に日によりしつこくなっていき、ジュリアに少しも楽にさせる治療法は見つかりませんでした。ますます息が荒くなりました。

「ジュリア、お許しをいただきました。ラウラとあなたの兄である枢機卿に使者を送りました」。オノフリアはまたもや複雑な状況を取り仕切ることができる能力を示しました。

「必要ありませんでした、回復します」とジュリアは唇を乾燥さ

237

せながら囁きました。「お手伝いをしてください、私の尊いオノフリア」
老婦人の支えを受け、ジュリアはベッドから足を出して座りました。突然、彼女は激しいめまいを感じ、それを許すと再びオノフリアの腕に力強くしがみつきました。目を閉じ、彼女をかすかに震えさせる冷や汗が全身を濡らしました。

「何が起こっているのでしょうか？」

オノフリアは彼女の顔と乱れた髪を撫でましたが、その視線は柔らかくなりました。
「小さなジュリア、これは通り過ぎます、恐れないで... あなたは人生で多くの試練を乗り越えてきましたし、これも乗り越えるでしょう」しかし、彼女が言葉を発する間に、彼女自身もそれに納得しているわけではありませんでした。
町の医者は毎日、主人を診察し、自分の持つすべての手段を使って彼女を楽にしようとしましたが、その薬や治療は、わずか数時間の間だけでもうちょっと和らげることしかできなかったようです。それから、病気が再び元の状態に戻ってしまいます。

「この数年間で、厄介なことに」、医者はオノフリアに不満げに語りました。「ペストが蔓延しており、カルボニャーノのような小さな町では大都市に比べてケースが少ないですが、すべてが起こり得ます...しかし、ご主人の体には腫れも見られません...私にはわからない、そして混乱しています...」

その夜、オノフリアが送った 2 人の使者が城に到着しました：馬は泡を吹いていました。彼らは飛ぶように走ってきたのです。
ラウラ女史とファルネーゼ枢機卿はジュリアを即座にローマのファルネーゼ家が所有するアレヌラ地区の邸宅に移すことを決定しました。そこで、首都で最高の医師による治療と適切なケアが受けられるようになります。
オノフリアはその幸運な決断に対して沈黙の祈りで神に感謝し、すぐさま主人の部屋に向かいました。
彼女はノックし、扉を少しだけ開けました。
ジュリアは目を覚まし、クッションの山に寄りかかっていました。息をするのが難しくなりましたが、オノフリアに微笑みかけました。

「語ってください、私の忠実な友よ、私の運命はどうなるでしょうか？」

「明日、ローマに向かいます、私の鳩の姫...」と彼女は本当に安心したように言いました。「首都の最高の医師たちが治療し、あなたはすぐに回復するでしょう」
ジュリアは息を吸い、返事をしようとしましたが、咳き込みが襲いました。彼女はベッドの近くの小さなテーブルに置かれたグラスを手に取り、飲みました。そして息を整えて、ドアから離れて彼女のベッドに駆けつけた女性に言いました。

「今度はオークの聖母でさえも役に立たないでしょう、オノフリア...私の人生は終わりに近づいているように感じます...」

「そんなことは考えるなんていけません、イウリア、ただ回復することを考えなさい」
女性は疲れ果てて、目を閉じ、老婦人にグラスを手から取らせました。ジュリアの目の下の暗い跡は日に日に濃くなっていきました。

＊ ＊ ＊

その夜、城では主人の旅の準備のために一瞬も眠られませんでした。
翌朝、準備が整い、三台の馬車が待機していました。一台はオノフリアと女主人、そして必要な薬や物資を積んで、どれくらい滞在するかわからないが備え付けられました。もう一台はベルナ、アニェーゼ、他の二人の女性が乗るためのものでした。
御者の小さな席には、各馬車に2人の男性が座ります。その中には厩丁のカミッロもいました。オノフリアから馬車と引き馬の準備を命じられた時、カミッロは聞く耳を持ちませんでした。彼は主人を連れて行くつもりで、誰にも止められなかったのです。

240

彼は無愛想で物静かな男でしたが、女主人を尊敬し、彼女の頑固さと意志の強さを知っていました。
しかし、ペトロベッリは残念ながら城に残るしかありませんでした。主人が不在の間、普通の管理を行う必要がありました。
村の人々は夜明け前から城の門前広場に集まり、座ることができなかった人々は道路沿いで主人の通過を待っていました。
オノフリアはジュリアを手伝って暖かいウールのドレスを着せ、毛皮で縁取られたマントで彼女を包みました。日は非常に寒くなくなっていましたが、ジュリアは熱で震えていました。オノフリアは彼女の豊かな髪をシンプルな三つ編みにまとめ、顔の色を少しでも明るくし、黒インクのような暗い目の跡を隠そうとしました。彼女が病気で弱々しく見られるのは避けたかったのです。
カミッロは女主人の部屋に到着し、彼女を抱き上げました。ジュリアは彼の首に腕を回し、頭を彼の胸に預けました。そして、二人は部屋を出て、儀式の間を歩いていきました。

「ちょっと待って、カミッロ」とジュリアは、微かな笑顔を浮かべて言いました。彼女は天井を見上げ、自分や家族、そして人生の進路に関わるすべての人々を表す紋章と旗を新鮮に見入りました。
彼女はカミッロの顔を見つめ、「行け」と彼に合図をしました。そして、彼は再び進み始めました。
主人の上階から大きな門に続く階段を下りました。

「主人、主の祝福がありますように！」道中には、城の中で
主人に仕えてきた男女がたくさんいました。彼らは皆、彼女
のために心から微笑み、早く良くなるようにと願っていました。
しかし、ジュリアの視線が彼らの顔を越えると、彼らの顔は不
安と恐れによって暗くなりました。城主を失うことを恐れてい
るようでした。
病気で弱っているにもかかわらず、ジュリアは、耳に遠くから
聞こえる混乱した声の中で、彼女の民が彼女に送る祝福を
聞き取ることができました。
彼女は目を閉じながら微笑み、馬車の御者の胸に頼ること
を許し、周りに溢れる愛に驚きました。

「声が出せないけど、カミッロ、代わりにありがとう」とジュリア
は言いました。彼女は民衆を見つめ、顔の一つ一つを撫でる
ようにしました。
カミッロは任された仕事に恥ずかしさで顔を赤らめ、決断がつ
かないので、その場にいたオノフリアが彼の代わりに話しまし
た。

「私たちの主人が皆さんに感謝したいと言っています。今は
声が出ませんが、首都から戻った時には皆さん一人一人に
直接お礼を申し上げます」

カミッロはジュリアを優雅に設けられた馬車のベッドに優しく

横たえ、オノフリアが隣に座り、隊列は首都へ向かって出発
しました。
道にいる人々は馬車の側面に掲げられた百合をなで、彼女
に祈りを捧げました。
ジュリアがその行動を見ることができたなら、彼女は最終的
に解放されたことを理解したでしょう。彼女の領土は彼女以
前の主君が愛されたことのないように、誰もが彼女を愛して
いました。そして、彼女の後にその場を受け継いだ人にも、誰
もが愛されないでしょう。

＊ ＊ ＊

ローマでのペスト感染を防ぐため、誰しも、その身分や地位に
関わらず、街の中心部に入る際には、通りに散りばめられた
検疫ポイントを通過し、様々な健康チェックを受けなければ
なりませんでした。皮膚に膿疱の症状が見られるかどうか、ペ
ストの症状を探し求めました。
ペトロベッリは、ドナ・ラウラとカルディナル・ファルネーゼに使者
を送ってからローマへ向かうまでの数日間、女主人を伴う全
員のために、いわゆる「健康証明書」を手に入れるようにしま
した。ただし、ジュリアには、カルボニャーノの医師が彼女の病
気がペストではないことを証明する文書を作成し、さらに「心
と精神の健康」であることを明記しました。
彼らが宿泊する宮殿に到着したのはすでに夜でした。首都の
通りは静かで人影もなく、舗装された道路を馬の蹄が繰り

返し響く音だけが静けさを破っていました。

ジュリアは疲れ果てていました。ほとんどの時間をオノフリアの目の下でうとうとと眠りながら過ごしていました。ベルナとアニェーゼのいる馬車はペースを上げ、先に到着し、女性たちが主人を迎える部屋を整える時間を与えるためでした。

カミッロはジュリアを抱き上げ、彼女を用意された部屋に急いで運び、女性たちだけに部屋を残しました。

オノフリアとベルナは主人を脱がせ、彼女に清潔なナイトドレスを着せました。ジュリアは彼女の忠実な使用人で友人たちに微笑みかけ、その後、彼女を迎える新しいシーツの上で疲れ果ててしまいました。

彼女の額から再び熱がこみ上げました。

＊＊＊

カルディナル・アレッサンドロは姿を見せず、ドンナ・ラウラも同様でしたが、医師たちは献身的に駆けつけ、病気の深刻さと厳しい進行を確認しました。それは肺炎だと判明しました。

トリアクラが投与されました。これにより、彼女の明晰な瞬間が長くなり、熱が少し和らいだため、ジュリアはベルナに法務官のトランクイロ・ロマニスを自分のもとに連れて来るよう命じました。

少女はすぐさま動き、宮殿の従業員を通じて法律家に連絡し、緊急で主人のもとに訪れるよう依頼しました。

244

* * *

神の年 1524 年 3 月 14 日、太陽が窓から控えめな光を室内に差し込んでいた。日々は長くなり、春が首都の通りに暖かな光を差し込み始めた。

その朝、ジュリアは厚いカーテンを窓から寄せ、光を入れるように依頼した。公証人を待ちながら、彼女は頬にほんのり色を差すことができたことに気づいていた。

オノフリアに助けられ、ベッドに座るように促された。数枚のきれいな枕を背もたれに置くようにお願いし、髪を整えてもらった。

「私たちを訪ねてくる人を待つときは、見苦しくならないようにしないとね、オノフリアよ。私の母は、きちんとした格好をしないことを言うのよ！」

内心、オノフリアはジュリアの溌剌さに喜び、彼女がそれほど明るく感じるのは最悪の状況が終わったからだと期待した。

公証人のロマニスが到着し、主の近くには座っていた。彼は口と鼻の前にハンカチを持っており、彼女の前にいる病気を恐れているかのようだった。

不快な態度をとる前に、オノフリアは部屋を出る前に、公証人にジュリアがペストではないことを証明する医師からの証明書を見せた。

公証人は手を使わずにその文書を読み、オノフリアから受け取ったものを見上げた。彼が書面を読んだ時、オノフリアは彼をじっと見つめ、彼はすぐにハンカチを彼の広い上着のポケットに戻した。それから彼は恥ずかしそうにジュリアに問い合わせた。

「シンプルな要求だ、優しい紳士。私には遺言書が必要なのだ！」

ジュリアはこの発言が公証人を驚かせるだろうことを知っていた。ジュリアは女性が男性に従い、無知の中で生きる以外の選択肢はなかったことを知っていた。彼女たち誰にも、彼女たちの持ち物を処分する権利や家族の財産を管理する権利は与えられていなかった。
しかし、オルシーニョは彼女にその権利を与えた。彼は法律に違反し、カルボニャーノの封土を彼女に与え、誰もが直接の管理を妨げることはできないと命じた。そして彼女はもちろん、状況が異なるようになることは決して許さないつもりだった。

「マドンナ・イウリア、私はあなたが求めることを行うことができるかどうか分からないが…」公証人は激しく赤面し、女性が自分の財産を処分することは許されない規則と、彼女の要求の間で戦っていた。

「この世界は創造されたとおりであり、私たちは考え方を変えない限り、それを変えることはできません...ですから、私の最初の夫であるオルシーノ・オルシーニは私にカルボニャーノの封土を寄進し、2番目の夫であるジョヴァンニ・カペーチェ・ボズゥートはアフラゴラの彼の財産の使用を私に与えました。したがって、私の資産についてここで処分したいのです。そしてあなたは私の遺言を書くでしょう...信じている、それがあなたのすることです。」

ジュリアの言葉は否定される余地がなかった：彼女は自分の肢体を包む真っ白な布に囲まれて、命令的に見えた。

「しかし...証人がいないため、遺言書を書くことができない、マドンナ...」

「それも誤りです。」

部屋の奥にいたベルナが言葉に反応し、サン・ジェローム修道院の七人の修道士たちを部屋に招き入れた。「公証人ゲージは、カルボニャーノの封土の主人になった際に、ローマのサン・ジェローム教会の十字架と祭壇でオルシーノに誓わせました。今、同じ修道院の修道士たちが私の遺言の証人になります。」

七人の男たちは、彼らの剃髪を見せることによって、恥ずかしそうであったり敬意を表していたりした。
公証人は状況を受け入れざるを得ず、大切な手書きの紙を持つフォルダを開き、インクの入ったインク壺を取り出しました。
ジュリアは背もたれに寄りかかり、深くため息をついた。もう大方は済んだのだ。深いため息をついた後、彼女は口述し始めた。

「最初の人々の堕落以降、人間の本性は死に服従し、この脆弱な人生で最も確かなものは死であり、最も不確かなものは死の時です...」

ベルナ、オノフリア、アニェーゼは部屋を涙で去った。

* * *

1524 年 3 月 14 日、太陽が静かに首都の厳粛な部屋に光を差し込んでいた。日が長くなり、春が首都の通りに暖かな光を広げ始めていた。その朝、ジュリアは窓から重いカーテンを引っ込めるように依頼しました。彼女は公証人を待っていて、その面会の見込みが彼女の頬にもう少し色を与えました。
オノフリアに手伝ってもらい、彼女はベッドに座るのを手伝ってもらいました。3 つまたは 4 つの清潔な枕を彼女の背中の後ろに置いてもらい、髪を整えてもらうように頼みました。

『お出迎えするときには身なりを整えなければなりませんわ
よ、私の母は髪をほどいたままで見つかることを好まないと
言っていたわ！』

オノフリアはジュリアがこれほど安心しているのを見て、心の中
で喜び、最悪のことはもう過ぎ去ったのだと夢見ました。
公証人のロマニス氏が到着し、彼はドミナの前に慎重に椅
子に座りました。彼は鼻と口にハンカチを当てていました。彼
の前に座っている女性が抱える病気から恐れているように見
えました。
イライラしたオノフリアは部屋を出る前に、医師からジュリアが
ペストではないとされる証明書を男性に見せました。
男性は証明書をオノフリアから受け取ると、汚れのない用紙
で書かれた文書を読みました。文書を読み終えると、男性
は目を上げて、彼女を見つめながら複雑な表情を浮かべま
したが、彼女は容赦なく続けました。ジュリアが考えていた計
画を妨げるものは何もなかったのです。
僧侶たちは部屋の奥に立っており、動かないほど静かで、ま
るで彫像のようでした。彼らはドミナの言葉を聞いていました
が、彼らがその言葉について考えているかどうかは分かりませ
んでした。

『...私の遺体、または私の死後の遷移後、私は魂が移動し
た後に、私の祖先が埋葬されているビジェンティーナ島の教会

に運ばれ、そこに埋葬されるように命じます。』

ジュリアは最後の意志を詳細に綴ることに心を砕き、自分の所有物について精確かつ詳細に決めることに気を使いました。彼女は法律に反する策略を考えていたが、彼女の遺言書にはそれが記され、従うことが求められるはずでした。
笑いながら、彼女は兄オルシーノを思い浮かべ、彼が考えた行動を真似て、狂気じみたことを言おうとしていました。
枕に寄りかかり、手は体に沿って放置され、彼女は徐々に文言を口にし始めました。公証人は何度も驚き、書類を書いている最中に彼女を見上げましたが、彼女は彼に休息を与えませんでした。彼女の目的から逃げることはありませんでした。
僧侶たちは立っており、そのまま動かないほどの静けさでした。彼らは頭を下げ、手を手元に合わせていました。彼らがその内容についてどのように思っているかは分かりませんでした。

『…私の体、つまり魂の移行後、教会の島の埋葬地に運ばれ、埋葬される私の遺体のことです。私の祖先もそこに埋葬されているのです。』

ジュリアは彼女の最後の意志を丁寧に手配し、オノフリアに十分なお金と援助を求めました。オノフリアに対して、彼女が私的な意志を明確に指示したことで、カルボニアーノの管理者としての役割を再確認しました。

次に、彼女はアニェーゼに関して、彼女を娘ラウラに託し、人間性と愛情を持って扱うように彼女に思い出させました。

愛する召使いであるベルナには、かなりの金額とカルボニアーノの習慣に従った結婚式の祝儀すべてを残しました。彼女は書き留められたものが、彼女が結婚しなかった場合でも、彼女にその贈り物が届けられることを明確に記述しました。ただし、ベルナが子供を持たずに死亡した場合は、その遺産を慈善事業に寄付するための遺言があることを彼女に課しました。

そして、カルボニアーノの貧しい少女たちと、彼女たちをよく知っていた厩舎員であるカミッロにも思いやりをもってお金を残しました。彼女はいくつかの女性に金額を指定し、結婚せずにもその金額を自由に使うことができると規定しました。

最後の言葉を口にしながら、声を絞り出しながら、ジュリアは自分の女性たちに幸せな未来を確保しようとしていました。さらに、彼女は将来の相続人に対して、カルボニアーノの貧しい人々に恒久的に食料を提供するように求めるほど遠くまで達しました。

その瞬間、ジュリアはついに授かった力を消化できたと感じました。彼女は不平等な力関係に立ち向かい、同時に彼女は自分が宮廷の偽善から解放されたように感じました。

14歳の少女が年老いたカーディナルに押し付けられた腕の中で、教皇の愛人からもたらされた富を嫉妬され、母や義理の母、兄のアレッサンドロに悪用された彼女は、その時、彼女の清い魂を取り戻していたのです。

微笑みながら、女性は水を飲みました。公証人が筆記具をしまおうとしたとき、彼女は「お急ぎにならなくてもいいですよ、公証人さん。もう終わっていませんから...」と言いました。
男性が再び椅子に戻ると、ジュリアは彼女の最後の意志を口にし始めました。

『私の覚えと、いつも私を結びつけてきたアレッサンドロ・ファルネーゼ枢機卿への温かい愛の証として、彼にベッド1台、マットレス3台、黒と赤紫のシルクで作られた天蓋のカーテン、黒いシルクで作られたカーテンのネット、オノフリアが私の意志を完全に理解するようにした3十のリネンを残す』

公証人はそれを書き留めた後、驚愕しながらも、彼女の意志を象徴的で示唆に富んだ方法で、彼女が盗まれた無垢を回復していたことを理解していました。
公証人が義務を果たし、証人7人が自分の名前を明記した後、すべての書類を読み返しました。

『...下記の証人がそれぞれ立ち会い、聞き、理解した。すなわち、尊敬すべき神父、サン・ジェローム修道院のフラテ・アンジェロ、フラテ・イサイア、フラテ・ジェローム、フラテ・ベルナルディーノ、フラテ・ジェルヴァシオ、フラテ・ベルナルディーノ、フラテ・パオロ。』

運命は成就した。

ノタリーと7人の修道士はアニェーゼに案内されて、ベルナとオノフリアはジュリアのベッドサイドに急いだ。

「私の大切な二人、今は父の家に登るか、ルシフェルと共に地獄の炎に焼かれるか...」

ジュリアが寝ているベッドの両側にいる2人の女性は互いに視線を交わし、ジュリアの視線から逃れた。

「私のことを心配しないでください。私は目標を達成しました。それは私がローマを離れた後、長年生き続けさせたものです...」ジュリアは話すのが難しそうでしたが、それは極めて重要なことでした。
その上、オノフリアは一生、ベルナは数年間、私が決して持たなかった、もしくは失った母や姉のような存在でした...彼女たちは最も優しい友人であり、使用人でした。

「私はロドリゴと一緒に最後までいることもできたし、そしてその後は他の枢機卿の寝台にしがみついていたかもしれません...多くの人が私を受け入れるだろうとは理解していましたが...私はしたくなかったのです...」彼女はまだコップを掴もうと手を伸ばしましたが、ベルナが先回りして彼女の頭を持ち上げ、飲ませました。

ジュリアは笑顔で、手で彼女の顔を撫でるベルナに向けて微笑んだ。

「しかし、私は他人の道を辿むことを望みませんでした。私の家族が春の散歩と説明した道を進むことは、棘だらけの道でした。私はなりたかった自分になりたかった：人々に愛される領主になりたかったのです…」そして、これらの言葉を言いながら、彼女はオノフリアに向かって振り返りました。「私の臣民に私が家族のように愛していたことを伝えてください、私の愛する母上…」ジュリアの顔には２つの涙が流れていましたが、彼女の唇は微笑んでいました。「今は少し休ませてください…私はとても疲れています…」

　２人の女性は相互の了解のまなざしで後ろの扉に向かって歩き始めた：オノフリアは服の袖から引き出したハンカチで顔を拭いながら部屋から出ました。
ベルナは火のそばの小さなスツールに座り、火が消えないように注意しながら、彼女の主人を見守るという口実で、彼女の願いを隠そうとしました。

* * *

記憶は特に順序なく行き来し、ジュリアの豊かな胸はかつてのように微かなうめき声とともにほんのわずかに上下した。彼女は目を閉じていて、まるで記憶やその中に秘められた映像

254

を逃がしたくないかのように。

女性の遺言を書いた公証人がそれを行った後、数日が経過していました。3月も終わりに近づき、ローマでは日々がゆっくりと晴れて過ぎていきました。

しかし、その朝、風の激しい冷たい息吹でローマ全体を掃く風が、窓の騒音で宮殿を目覚ましました。

その騒ぎで目を覚ましたジュリアは、すぐにカポディモンテのビジェンティーナ島の岸を打つトラモンターナの音を思い出しました。それはボルセーナ湖の茶色い水で覆われたその小さな土地の浜辺を叩き、石の上で立っていました。

彼女はほんの一瞬、自分が生まれ育ち、人生で最も美しい時期を過ごした場所、つまり幼少期に戻ったかのように感じました。

しかし、近くのサン・ジェローモ修道院の修道士たちの歌声が彼女を一気に現実に引き戻しました。支配者の気まぐれな気分がますます現れ、眠っている間に彼女の過去がますます彼女を嘲笑うように戻ってきました。

彼女は時間の中で浮遊し、一瞬で再び若々しい美しい花が咲いたかのようでした。

風が冷たく、贅沢なブロケードのドレスには暖かい茶色の毛皮のマントを着て、寒さから身を守っています。その服は重たく感じられ、私の肩にますます重い負担として感じます。

出かける前に最後に鏡を見ます。私はもう長い間、毎日のように自分の運命に立ち向かう準備ができています。

手袋をした手で、厳格な髪型から逃れる一握りの髪を整え
ながら、私は急ぎ足で待っている馬車に向かって歩みます。
私は十五歳の頃から、恋人のロドリゴやカーディナルの兄弟
アレッサンドロ・ファルネーゼの間に立っています... 純粋な子
羊はずいぶん前にその姿を消しました。人生は私を深く、不
可逆的に傷つけていました。

咳が記憶の霧を晴らし、ジュリアは数秒間目を開けて、周囲
を注意深く観察しました。

彼女の手はシーツの下に移動し、数日間常にそばに置いて
いた封筒を探しました。

公証人が手書きの上品な紙に書き写した遺言は、彼女に
未来への道を穏やかに歩ませる自信を与えました。

彼女の時間は終わりに近づいている、それをはっきりと感じて
いました。数日間、彼女の肺を十分に満たすことができませ
んでした。そして、瞬間ごとに支配的な感覚は、彼女の手か
ら徐々に生命が消えていくのを感じさせました。かつてのよう
にしっかりとは把握できませんでした。

彼女はシーツの下から封筒を引き抜き、両手で支えました。
彼女はそれを見て微笑みましたが、その後、彼女の腕は彼
女を離れ、封筒は彼女の横にベッドに落ちました。

彼女は目を閉じ、再び現実が消えました。

突然、娘のラウラが現れました。彼女は愛しいベッセネッロ城
の壁の間を跳ね回っている幼い子供でした。その後、彼女は
少女になり、そして妻になりました。

そして、彼女は自分が望む場所にいることを尋ねました。確

かに、彼女はローマに留まりたくなかった。そこには胸を押し潰すような多くの重い記憶があり、特に彼女の死によって兄弟のアレッサンドロのキャリアを妨げることになるかもしれませんでした。彼女はただ、瞬きすることでカルボニャーノに戻りたかっただけです。その場所が正しい場所だったのです。

去るために、死ぬために、生まれ変わるために。

その日、オノフリア、ベルナ、アニェーゼはカミッロにも彼女のそばで見守ることを許可した。

ジュリアの息はほとんど嘆き声となった。

オノフリアは女性の額を撫で、彼女が生まれ、女性になり、世界の頂点に達し、屈辱を受け、立ち上がるのを見てきた女性でした。彼女は涙に浮かぶまつ毛で微笑んでいました。ジュリアはゆっくりと目を開け、年長者に微笑みかけ、そして手を伸ばしました。ベルナがすぐに、非常に優しく彼女の手を取りました。

「ジュリア・美しい人が去っていくわ、私の忠実な友よ。あなたたち自身を大切にして、私を私のジョヴァンニのもとに連れて行って…お願いだから…だれにも任せないで…私はあなたたちに任せるわ…」

そして、ジュリアは静かに息を引き取りました。

安らかに眠れ

その午後以降、宮殿に広がった悲しみは、現実味がありました。暗い悲しみがすべてを支配し、光がないかのように感じられました。それは粉のように微かで触れられないものでありながら、鉛のように重かった。誰もが考えることを避け、その時に必要な仕事に専念しました。

そのため、オノフリアはペトロベッリと協力して、カルボニャーノに使者を送り、主君の死を伝えることにしました。使者たちが戻ってきたとき、彼らは明らかに感動し、イウリア夫人の死による絶望的な光景を報告しました。オノフリア、アニェーゼ、ベルナはジュリアの遺体を看護しました。体を洗い、高価な香油でほのかに香り立たせ、彼女が愛した赤いベルベットのドレスに着せました。

彼女たちは一緒に時を過ごし、過去に彼らの主人がヴェネツィアから生地を持ち込んでドレスを作った時のことを静かに話しながら思い出しました。彼女たちは彼女のドレスに金と真珠で飾られたコルセットを締め、四角い襟から白くて触れることのできない布の柔らかいしわを出しました。それらは今はもう静止した胸に軽い霧のように広がりました。

「美しい人が眠っているようだね...」とベルナはため息をつきながら言いました。彼女は一瞬たりとも泣くのをやめませんでした。主人の遺体を看護しても、彼女の悲しみは和らぎませんでした。

オノフリアは主人の埋葬に関する主君からの遺言の実行に関するカルディナル・ファルネーゼに迅速に連絡を取りましたが、男性からの返事が遅くなりました。それで、オノフリアはカミッロにアレッサンドロの居所への馬車の同行を依頼しました。

カルディナルは老女を数時間待たせました。オノフリアはジュリアの喪失による悲しみを一時的に忘れて怒りに満ちていました。その後、彼女は怒りを抑え、男性と対話しました。しかし、彼女は男性の中に同情または人間性を見出すことはできませんでした。

「私にはお姉様イウリアがこの世を去り、主の家に加わったのはもう４日も前のことです...」

「主の家か...あなたはいつも過度な信頼を持っていた女性だったね、オノフリア...」

女性は涙でふくれ上がった目を上げ、男性の中に同情的な人間性を見つけようとしましたが、それは見出せませんでした。

「私には、すでにメッセージを送っていたようなのですが...」

「それに返答する気がなかったようですね！」

カルディナルの無礼さに女性の怒りが彼女の愛するジュリア
の喪失と混ざり合い、毒々しく有害な混合物として爆発し
かねませんでした。
アレッサンドロは腕掛けの一つに肘をつき、手で頭を支えて、
彼女を不快な虫のように見つめていました。

「姉妹の埋葬に関する指示を与えるよう依頼しました。彼女
が遺言したように、ビセンティーナ島の霊廟に。」

「イウリアが遺言した？ イウリアが何を決めることがあるの？」

その部屋の貴重な彫刻の中で響く大きな笑い声が広がりま
した。

「私には彼女の思い出が私を悩ませるのを止める限り、彼女
を日々、疫病で亡くなった数十の遺体を投げ込む一つの共
同墓に連れて行ってもらってもかまいません！」

オノフリアは、目の前の男性に対する彼女の嫌悪と彼女の
振る舞いに対する彼女の非難を口にしようとして口を開きま
した。その時、ジュリアの言葉が彼女の耳に響きました。「誰

にも頼まないで...私はあなたに託す...」そして、彼女は一瞬
で何をすべきか理解しました。

「もしそのようなことを許容していただけるのであれば、私がお
姉様の埋葬を行います。」

アレッサンドロは手を振るようにして「どうぞ」と言った。女性は
カルディナルに敬意を表し、振り返って戻りました。彼女は
今、何をするべきかを知っていました。

* * *

メルゴナーラの岸辺にはカミッロ、オノフリア、ベルナとともに、
主君の棺と共に本土を離れ、島に向かうはずだったのは数
人だけだったはずだった。しかし、カルボニャーノ、カポディモン
テ、周辺地域からは多くの人々がやって来ていた。彼らは普
通の人々であり、その非凡な女性を生まれて育ち、再生さ
せた人々であり、彼らは彼女を健康な状態で最後の旅に出
発させることは決して許さなかった。
男たちは交代で黒いベルベットの布で包まれた棺を肩に担い
でいた。城から小さな桟橋へと続く土の斜面には女性、男
性、子供たちが溢れていた。ライムの手や枝がジュリアの棺に
触れ、透き通った湖の水にゆらめいていた。
軽い風が湖面をかすめる。カミッロは草むらの岸辺に漕ぎ、
ボートと大切な荷物を本土から遠ざけた。
湖はため息をつき、震えた。女性たちが編んだ花の花輪が

262

水面に浮かび、多くの人々がボートの後に続くように歩み出
し、ゆっくりとジュリア・美しい人を最後の住処へと送り届ける
行列のように進んでいった。

終わり

参考文献

ジュリアに関する引用が含まれている無数のテキストを読みましたが、歴史の構造を実際のストーリーの基盤とするために本当に参照したものは次の通りです：

ジュリア・ファルネーゼ文書集
　（ダニーロ・ロメイ、パトリツィア・ロジーニ）

ジュリア・ファルネーゼ "ラ・ベッラ"
　（ボナヴェンチュラ・カプリオ）

イタリアの中世
2014 年 1 月から 12 月までのテレマティックジャーナル

オンライン日刊紙 **LA CITTÀ** 2015 年 1 月 1 日
ロムアルド・ルージによる "ジュリア・ファルネーゼがカルボニャーノにオークの聖母をもたらした！"

"偉大な炎"
ピエトロ・ベンボ、ルクレツィア・ボルジャ - アルキントゥ出版

謝辞

このような作品を終えると、文学の世界に放っておくのは難しいものです。この小説を書くことは、今まで文学的に試みた中で最も困難で個人的な任務でした。ジュリアに関して多くのことを読み漁り、狂気に近いレベルまで探求しました。彼女が 500 年前に生きた女性でありながら、今もなお現代的でした。彼女の姿を長い間身近に感じ、語られることの切迫感を感じました。"いつかはわかってくれる人が..."（引用元：309 ページ）という彼女の言葉を探していました。そしてある時点から、彼女は私の中にいて、私は彼女の中にいました。理解しなくても知っていました。そして、たくさんの質問が鉄壁の確信の前に屈し、魂から湧き出る確信に気づきました。

いつものように、私の愛する夫セルジオに感謝します。バートランド・ラッセルは「愛を恐れることは、人生を恐れることであり、人生を恐れる者は既に 3/4 死んでいる」と言いました。そして、私の夫は私を生きていると感じさせてくれます。彼は私の情熱の帆を膨らませ、微笑みながら私を船出させてくれます。

私の強力な読者グループ、いわゆるベータ読者に、手稿を読んで感じた感情と感動を贈ってくれた皆さんに感謝します：パーラ、シモーナ、ヴァレンティーナ、パトリツィア、そしてピコ。

私の編集者ナターシャ・コルテージに、忍耐強く丹念な作業に対する感謝を述べます。

今までのように、この新しい紙とインクの生まれたての生命を共有したかったのですが、これまでいつも共有してきた私の親友である **ACTAS Tuscania** の会長であるクラウディオ・パトリツィが突然この世を去りました。彼がこの世界を去ったとき、私が彼と共有しようと準備していた時でした。彼が天国から私を見て微笑むことを確信しています。

最後になりますが、決して最後ではありませんが、私の読者の皆さんに、私のペンに対する不滅の信頼に心から感謝します。すでに読者である方々、そしてこれから読者となる方々に感謝します。

小説の場所

Lago di Bolsena
ボルセーナ湖
Capodimonte (VT)
カポディモンテ
Carbognano (VT)
カルボニャーノ
Regione LAZIO
ラツィオ州

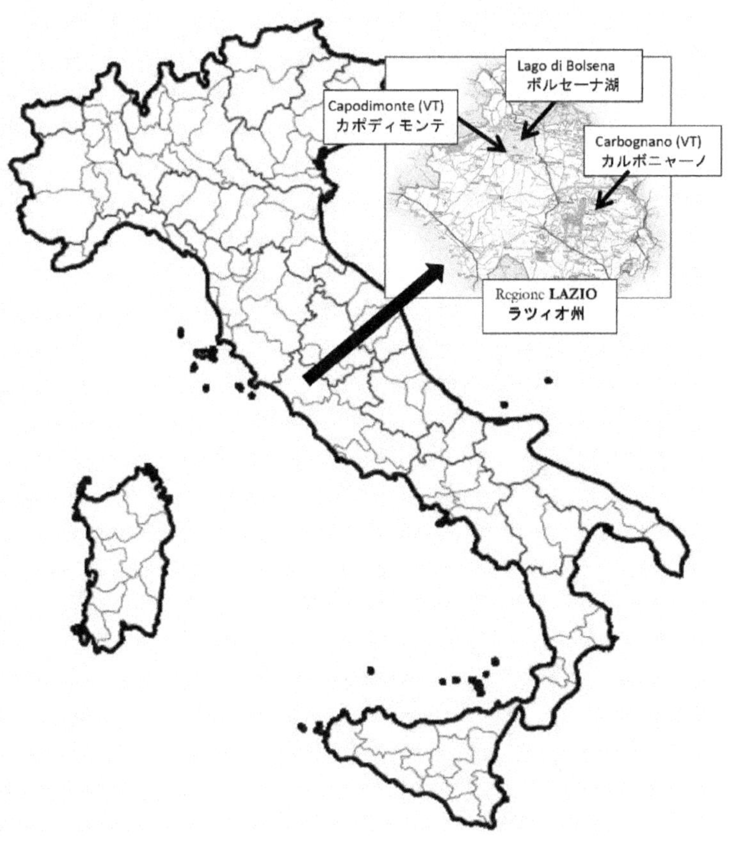

目次

Roberta Mezzabarba は、イタリアのビテルボで生まれ、ビテルボの I.T.G. "F. Nicolai" で最高評点で卒業しました。彼女は 1993 年以来、ビテルボの地方役人として働いています。長年にわたり、Il Tempo のビテルボ地域の特派員として、また文化雑誌 Il Centro Italia に寄稿しました。現在はオンライン週刊誌 Aci Castello Informa で「UN MARE DI PAROLE」というコラムを担当しています。2019 年 11 月にはシチリアアカデミーの名誉称号を受けました。彼女はビテルボ市の国際文学賞「Città di Viterbo TUSCIA LIBRIS」の会長であり、その発案者でもあります。彼女は「La lunga ombra di un sogno」（2017 年）、「Legàmi」（2018 年）、そして「Le confessioni di una concubina」（2020 年）などの小説を執筆し、すべての作品はオーディオブックとしてもリリースされています。さらに、「Le storie mancanti」（2019 年）や「Le storie (S)velate」（2021 年）などの短編小説のコレクション、詩のコレクション「Come cenci stesi al vento」（2019 年）や「Nell'ora incerta prima del mattino」（2020 年）なども執筆しています。彼女はまた、「Isadora e la Corona Maledetta」（2020 年）や「Sebastiano e la Corona Maledetta」（2020 年）、そして「Spettro e il ponte dell'arcobaleno」（2021 年）などの子供向けの絵本も制作しています。2020 年には、彼女の小説がスペイン語と英語に翻訳され、Tektime 出版社から世界中で出版されました。彼女の文学作品は国内外の文学コンクールで 150 以上の賞を受賞しています。

2024 年 1 月に印刷終了